AF524292

Philipp Schwarz
Friedrich Springob

Das macht GIN

PRODUKTION VON GIN UND GEIST

Philipp Schwarz
Friedrich Springob

DAS MACHT GIN!

PRODUKTION VON GIN UND GEIST

VORWORT

Gin ist sprichwörtlich in aller Munde. Ein absolutes Trendgetränk. Schon lange wird ein Ende des Booms vorausgesagt, aber entgegen allen Unkenrufen wächst der Gin-Konsum weiter: Betrug der Gin-Umsatz in Deutschland im Jahr 2020 etwa 586 Mio. Euro, wird für das Jahr 2023 ein Marktvolumen von 722 Mio. Euro prognostiziert. Dem wachsenden Konsum steht eine wachsende Menge an Erzeugern gegenüber. Hatten noch vor wenigen Jahren eine Handvoll internationaler Konzerne den Markt weitgehend unter sich aufgeteilt, buhlen heute allein knapp 1 000 deutsche Marken um die Gunst der Genießer. (Das hat eine private Erhebung des Gin-Enthusiasten Christian Lenk ergeben.) Es kommen im gesamten deutschsprachigen Raum, in Österreich, der Schweiz, Luxemburg und Lichtenstein, sicherlich noch einige Hundert dazu, von der weltweiten Konkurrenz ganz zu schweigen.

Es werden also auch noch weitere Gin-Marken auf den Markt kommen und bestehende Gin-Marken werden weitere Sorten lancieren. An all diese Unternehmer und Unternehmen richtet sich dieses Buch. Also an alle, die Gin produzieren oder ihn produzieren wollen. Aber genauso auch an die, die Gin nur genießen. Denn das Wissen um seine Herstellung, seine Geschichte, um Gin-Stile und -Trends vertieft das Verständnis der Spirituose und erhöht damit auch den Genuss.

So wird dieses Buch dem erfahrenen Brenner ebenso nützen wie dem ambitionierten Genießer. Weil es die Frage der Gin-Herstellung grundsätzlich und gründlich angeht. Weil es angefangen von den Botanicals bis zur Abfüllung des fertigen Destillats und seiner Lagerung den Herstellungsprozess im Detail erläutert. Weil es die rechtlichen Grundlagen darstellt und weil es die verschiedenen Spielarten des Gins zeigt. Weil es ein Fachbuch ist, das den Produzenten einen fachlichen Mehrwert verspricht, aber, weil es gut verständlich und praxisnah ist, auch dem Gin-Genießer wertvolle Inspirationen liefert. Und weil es über das reine Thema Gin hinausgeht. Denn Gin ist herstellungstechnisch gesehen nichts anderes als ein Geist, ein wacholderdominierter „Kräutergeist". Darum werden auch Geiste und ihre Herstellung thematisiert.

Daher ist dieses Buch für viele geeignet, für die, die schon den „Gin des Lebens" gefunden haben, und auch für die, die noch auf der Suche sind …

P. Schwing

und

Friedrich Springob

GESCHICHTE(N)

GESCHICHTE DER BRENNEREI UND DES GINS

Kein Gin ohne Alkohol, also kein Gin ohne Destillation. Und die hat eine historische Entwicklung „durchgemacht“, genauso wie der Gin. Deswegen geht es zunächst um die Geschichte der Destillation, bevor die des Gins folgt. Es ist eine spannende Story, die einige tausend Jahre umfasst und noch lange nicht zu Ende ist …

KURZE GESCHICHTE DER DESTILLATION

Schon in den antiken Hochkulturen wusste man zu destillieren. Die ältesten Funde von Destillationsapparaturen stammen aus dem vierten vorchristlichen Jahrtausend. Erstaunlich. Fast noch erstaunlicher, zumindest auf den ersten Blick: „Schnaps“ wurde anscheinend nicht gebrannt. Der Grund ist wohl darin zu suchen, dass man zwar das Prinzip des Erhitzens von Stoffgemischen kannte, aber offenbar das Prinzip ihrer Kühlung nicht ausreichend beherrschte. Eine effektive Wasserkühlung, die erst eine Fraktionierung der Destillation möglich macht, war unbekannt. Stattdessen setzte man auf eine reine Luftkühlung oder aber auf das Auflegen feuchter Tücher auf den Destillationshelm. Das reicht für die Gewinnung ätherischer Öle, aber nicht für eine saubere Fraktionierung von Destillaten in Vorlauf, Mittellauf und Nachlauf.

Noch aktive Brennanlage aus dem 19. Jahrhundert.

Mit dem Untergang des Römischen Reiches ging in Europa auch das Wissen um die Destillation verloren. Es kehrte erst im frühen Mittelalter über die Vermittlung der Araber zurück. Auch das eine erstaunliche Tatsache. Denn der Genuss von Alkohol ist im Islam verboten. Doch Muslime hatten tatsächlich entscheidenden Anteil an der Entwicklung der Destillation. Das Wort Alkohol selbst ist arabischen Ursprungs. Theophrastus Bombastus von Hohenheim, in der Regel nur kurz Paracelsus genannt, leitete den Begriff Alkohol vom arabischen „Al Kuhl“ ab. Das bedeutet das Feinste oder das Reine. Im neunten und zehnten Jahrhundert entdeckten arabische Alchimisten – weit voneinander entfernt – in Spanien und Persien die Destillation neu – als „Reinigungsprozess“. Zum Reinigen, Desinfizieren, wurde der gewonnene Alkohol in der damaligen Medizin verwendet, keineswegs zum genussvollen Trinken. Das übernahmen erst die Christen mitsamt dem Wissen um die Destillation.

ERST MEDIZIN, DANN GENUSS

Über das maurisch beherrschte Spanien fand die Kunst des Destillierens ins christliche Europa. Verbreitet zunächst durch Mönche. Die Klöster waren im frühen Mittelalter die wichtigsten Orte für Kultur und Wissenschaft. Das betrifft nicht zuletzt die Heilkunst und damit auch Destillate als Medizin. „Aqua Vitae“, Wasser des Lebens, wurde der Alkohol genannt. Die Spirituose Aquavit trägt diese Bezeichnung noch immer im Namen und auch das französische „Eau de Vie“ meint nichts anderes. Mit Kräuterauszügen als Medizin ist „Wasser des Lebens“ eine durchaus berechtigte Bezeichnung.

Die medizinischen Aspekte traten in Europa aber bald in den Hintergrund und dafür der Genuss in den Vordergrund. Wobei von einem „Genuss ohne Reue“ sicherlich nicht immer die Rede sein konnte. Denn die primitiven Gerätschaften haben wohl vielfach keine sauberen Destillate hervorgebracht. Manch Aqua Vitae hat seinem Namen keine Ehre gemacht und ließ den Trinker eher erblinden, als dass es ihn von einer Krankheit heilte. Auch Todesfälle kamen immer wieder vor. Das gilt übrigens bis heute. Qualitativ schlechter, schwarzgebrannter Alkohol birgt mehr Risiken, als nur durch die Polizei beziehungsweise den Zoll erwischt zu werden, vor allem, wenn der gebrannte Alkohol noch mit giftigem Methanol gestreckt wird. Das kann tödliche Folgen haben …

Dennoch hat es auch gute Qualitäten gegeben. Durch Erfahrung, das eine oder andere Mal wie gesagt auch durch Schaden, wurden die Brenner klüger und ihre Destillate besser. Ihre Qualität hing immer schon mehr von der Qualität des Brenngutes und dem Können des Brenners ab als von der Qualität des Brenngerätes. So gibt es einige Spirituosen mit einer jahrhundertelangen Geschichte: Cognac, Armagnac, Whisky, Klosterliköre wie den Chartreuse und natürlich auch den Gin, um den es hier gehen soll.

EXKURS ABFINDUNGS- UND VERSCHLUSSBRENNER IN DEUTSCHLAND

Deutschland ist das Land mit den meisten Brennereien weltweit: bis zu 83 000 Stoffbesitzer, rund 15 000 Abfindungsbrennereien und dazu noch rund 900 Verschlussbrennereien. Stoffbesitzer dürfen ihren eigenen „Stoff“, Äpfel, Birnen oder anderes zugelassenes Obst, bei einem Brenner zu Destillaten verarbeiten lassen. In der Regel findet dies bei Abfindungsbrennern statt. Doch was genau verbirgt sich hinter diesen Begriffen und worin unterscheiden sich Abfindungs- von Verschlussbrennereien?

Belegt ist, dass der Bischof von Straßburg, Kardinal Armand Gaston de Rohan im Jahr 1726 den Einwohnern des Amtes Oberkirch das Brennen von Kirschen zum Eigengebrauch gestattet hat. Beiden Seiten schuf das eine zusätzliche Einnahmequelle: den Bauern durch den Verkauf der Obstbrände, den Grundherren wie dem Bischof, aber auch den Markgrafen, den Herzögen und Königen durch die Besteuerung der Destillate. So entstanden die vielen Brennereien in Südwest- und Süddeutschland.

Die rechtlichen Grundlagen der Abfindungsbrennerei und die damit verknüpften steuerlichen Sonderregelungen haben die südlichen und südwestdeutschen Staaten Baden, Württemberg und Bayern als Mitgift in die Reichsgründung 1870/1871 eingebracht. Darum gibt es Abfindungsbrennereien auch kaum in Norddeutschland. Dabei ist seit 2018 auch dort die Einrichtung einer Abfindungsbrennerei rechtlich möglich. Die Rechtsgrundsätze gelten im Prinzip bis heute: Eine Abfindungsbrennerei verfügt über ein jährliches Brennkontingent von 300 l reinem Alkohol.

OHNE HOF KEINE ABFINDUNGSBRENNEREI

In den meisten Fällen ist die Abfindungsbrennerei ein sogenannter landwirtschaftlicher Nebenbetrieb, das heißt, er ist mit einem landwirtschaftlichen Betrieb, der über Mindestflächen verfügen muss, verbunden. Kurz: ohne Hof keine Brenngenehmigung. Oder andersherum: Ein Abfindungsbrenner in der Stadt ist kaum denkbar.

Abfindungsbrenner heißt er, weil der Staat ihn auf eine bestimmte im Voraus pauschal geschätzte Alkoholmenge „abfindet". Wie geschieht diese Pauschalisierung? Ganz einfach: Der Brenner meldet der Kontrollbehörde, dem zuständigen Hauptzollamt Stuttgart, was er wann destillieren will. Aus dem „Was", der Obstsorte oder dem Getreide, leitet sich der amtliche Ausbeutesatz und damit die zu zahlende Alkoholsteuer ab. Bei Obst ist der amtliche Ausbeutesatz je 100 l Maische festgelegt, bei Getreide je 100 kg Getreide und bei Kartoffeln je 100 kg frische Kartoffeln. Es ist pro Sorte die Menge des voraussichtlich gewonnenen Alkohols, der Ausbeutesatz, definiert. Auf der Webseite des Zolls ist das nachzulesen: „So wird (...) die Ausbeute bei der Verarbeitung von 100 l Kirschenmaische (...) auf den Ausbeutesatz von 5 l Alkohol geschätzt. Tatsächlich beträgt jedoch die Ausbeute ggf. 6,5 l Alkohol je 100 l Material. Die Differenz von 1,5 l Alkohol verbleibt dem Hersteller als sogenannte steuerfreie Überausbeute."

Zudem ist der Steuersatz für Abfindungsbrennereien niedriger. Sie müssen nur 10,22 anstatt 13,03 Euro pro Liter Alkohol an den Staat abführen. Die 13,03 Euro gelten für den Verschlussbrenner mit einer vielfach verschlossenen Brennanlage – nomen est omen. Jede Stelle, an der der Brenner versuchen könnte, Alkohol am Zoll und der Steuer vorbei zu entnehmen, ist versiegelt. Das Destillat gelangt entweder in ein Sammelgefäß oder eine Messuhr misst jeden gebrannten Liter Alkohol. Davon muss jeder Liter Alkohol mit dem Regelsteuersatz von 13,03 Euro versteuert werden. Dafür darf der Verschlussbrenner aber auch so viel herstellen, wie er will. Anders ein Abfindungsbrenner, der obendrein seine Erzeugnisse nicht exportieren darf – nicht in andere EU-Länder und erst recht nicht darüber hinaus. Und last, but not least: Der Abfindungsbrenner darf nur die Rohstoffe brennen, die in der offiziellen Rohstoffliste des Zolls aufgeführt sind.

In dem Gesagten versteckt sich auch einer der zentralen Gründe, warum die Gin-Produktion für Abfindungsbrenner so attraktiv ist. Wer Gin destilliert, produziert keinen Alkohol, er muss bereits versteuerten Neutralalkohol einsetzen. Das heißt, dass er Gin außerhalb des Kontingentes von 300 l pro Jahr erzeugen kann, theoretisch in unbegrenzten Mengen. So kann ein Abfindungsbrenner sein Produktionsvolumen einfach erhöhen. Rechtlich gilt Gleiches für die Produktion von Likören, die mit Neutralalkohol hergestellt werden, und von Geisten. Nur dass bei diesen Produkten die Margen häufig nicht so hoch sind wie bei Gin …

EIN GLAUBENSKRIEG STEHT AM ANFANG DER GIN-GESCHICHTE

Ohne einen Glaubenskrieg würde es Gin nicht geben. Warum? Um diese These zu begründen, wird etwas ausgeholt: In der Neuzeit, deren „offizieller" Beginn nicht von ungefähr fast mit der Reformation von 1517 zusammenfällt, verliefen viele Konfliktlinien in West- und Mitteleuropa entlang der konfessionellen Grenzen zwischen Katholiken und Protestanten. In England hatte Heinrich VIII. in den 1520er-Jahren die Loslösung von der katholischen Kirche betrieben und die protestantisch-anglikanische Staatskirche mit dem König als Oberhaupt begründet. Doch der Sieg der Protestanten war damit nicht gesichert. Gerade das Konstrukt, in dem das weltliche Oberhaupt des Staates gleichzeitig auch geistliches Oberhaupt der Kirche war, barg ein Risikopotenzial. Was, wenn ein Katholik den Thron bestieg? Mit Jakob II. trat dieser Fall 1685 ein, was bald zu Konflikten und letztendlich zu seiner Absetzung im Jahr 1688 führte. Die Protestanten und das Parlament hatten so gegen den König in der im Nachhinein als „Glorious Revolution" bezeichneten Auseinandersetzung gesiegt. Konfessionell hatten sich die Protestanten durchgesetzt, politisch das Parlament.

WIE DER GIN NACH ENGLAND KAM

Was diese Geschichte mit Gin zu tun hat? Bis hierhin noch gar nichts. In der Folge aber sehr viel, denn mit Jakobs Nachfolger, einem Niederländer und vor allem Protestanten, kam der Gin beziehungsweise sein „Vorfahr" nach England. Denn obwohl der Gin vielleicht als die englischste Spirituose überhaupt gilt, brachte sie ein „Einwanderer" aus seiner Heimat auf die britische Insel mit: Als Wilhelm III. von Oranien-Nassau, der Statthalter der Niederlande, 1689 als Wilhelm III. den englischen Thron bestieg, hatte er Genever im Gepäck. Diese Spirituose trägt ihren Aromageber im Namen. Er leitet sich vom französischen Begriff für Wacholder, genévrier, ab. Übrigens kennt auch schon der traditionelle Genever und nicht nur der Gin weitere Aromakomponenten, wie zum Beispiel Kümmel, Anis und Koriander.

Kaum auf dem Thron, befreite Wilhelm die Produktion von Wacholder-Schnaps von Steuern und belegte gleichzeitig den Import von Alkoholika aus dem verfeindeten katholischen Frankreich mit Strafzöllen. Teurer waren die französischen Spirituosen auch schon vorher gewesen, denn sie basierten überwiegend auf Wein und nicht auf Getreide wie der Genever. Und aus Getreide lässt sich nun mal einfach – im doppelten Wortsinn – mehr Alkohol „herausholen“.

Ein weiterer Vorteil des Neu-Imports: Getreide wächst auch im kühlen Großbritannien im großen Maßstab, Wein – bis heute und trotz Klimawandel – eher weniger. Außerdem erzielt man aus Getreide eine mehrfach höhere Alkoholausbeute als aus Weintrauben, sprich der Alkohol kann kostengünstiger hergestellt werden. Von dieser Konstellation profitierte der „Immigrant“ Genever, der in seiner neuen Heimat bald einfach Gin genannt wurde – der älteste schriftliche Beleg für diese Schreibweise datiert von 1714 –, sehr. Leider zu sehr. Mit der Produktion wuchs der Konsum – und damit auch bald das Elend.

DER ERSTE GIN-BOOM HAT TRAURIGE FOLGEN

Billiges Getreide aus Nordamerika ließ Anfang des 18. Jahrhunderts die Getreidepreise fallen und machte die Alkoholproduktion noch günstiger, der Gin-Konsum stieg immens und verursachte die sogenannte Gin Craze, auf Deutsch eine Gin-Epidemie. Eine in diesem Ausmaß noch nie dagewesene Alkoholsucht, eine echte Volkskrankheit, vor allem der niederen Schichten. Es starben anscheinend zeitweise in London mehr Menschen durch unmäßigen Alkoholkonsum als neue nachgeboren wurden. Die Kindersterblichkeit lag zeitweise bei erschreckenden 75 %.

Dazu beigetragen hatte auch, dass die Krone Anfang des 18. Jahrhunderts ein Gesetz abschaffte, dass nur der „Worshipful Company of Distillers“ beziehungsweise ihren Mitgliedern erlaubte, in Westminster und in London sowie im Umkreis von 21 Meilen Brennereien zu betreiben. Diese Standesorganisation sorgte für einen geregelten Betrieb und setzte Mindeststandards fest. Befreit von dieser Fessel begann nun jedermann zu brennen – mit verheerenden Folgen für die Menge, die Preise und die Qualität. Und damit mit verheerenden Folgen auch für die Gesellschaft.

Erst 1751 wurden auf Druck der Öffentlichkeit und namhafter Persönlichkeiten, zu nennen

DER FALL JUDITH DUFOUR

Für Aufsehen sorgte der Fall von Judith Dufour. Sie brachte am 27.02.1734 ihre zwei Jahre alte Tochter um und vergrub sie nackt. Sie verkaufte die Kleidung des Kindes und erwarb dafür umgehend Gin. Dieser grausame Mord blieb nicht unentdeckt. Judith Dufour wurde zum Tode verurteilt und gehenkt.

Der Maler William Hogarth zeigte die drastischen Folgen des unmäßigen Gin-Konsums.

wären etwa der Sozialreformer Henry Fielding, der protestantische Prediger John Wesley und der Maler und Karikaturist William Hogarth, der mit seinen Bildern die Auswirkungen des unmäßigen Alkoholkonsums drastisch vor Augen führte, einschneidende Maßnahmen zur Eindämmung der Epidemie ergriffen.

Durch hohe Steuern und verschärfte Qualitätskontrollen sollte Gin für die unteren Schichten unerschwinglich werden. Missernten Mitte des 18. Jahrhunderts taten ihr Übriges dazu, die Preise für Getreide und damit auch für den Alkohol in die Höhe zu treiben. Gin wurde teurer, verlor das Image billigen Fusels und wurde damit auch für die britische Oberschicht interessant.

WENIGER GIN, EINE BESSERE QUALITÄT MIT EINEM GLOBALEN ERFOLG

Der Gin-Act von 1791 legte verbindliche Kriterien für die Herstellung des Gins fest, was der Spirituose einen weiteren Qualitätsaufschwung gab. In London und Umgebung wurde an den Rezepturen gefeilt und erste, noch heute bekannte Marken wurden im ausgehenden 18. und dem beginnenden 19. Jahrhundert aus der Taufe gehoben: etwa 1769 der Gordon's London Dry Gin oder 1830 der Tanqueray London Dry Gin. Es entstanden große Brennereien, die eine gehobene Qualität produzierten, anstelle unzähliger Hinterhofbrennereien mit Sprit von häufig höchst zweifelhafter Qualität. Die Industrialisierung und das damit einhergehende Bevölkerungswachstum kurbelten den Gin-Konsum ebenso an wie die koloniale Expansion der Briten. Überall im weltweiten Empire verlangten britische Offiziere wie Soldaten nach Gin, der auch die Malariaprophylaxe nicht nur erträglicher, sondern zum Genuss machte. Gemischt mit dem chininhaltigen Tonic Water wurde aus der bitteren Medizin das Kultgetränk Gin Tonic. Dieser Drink ist, so könnte man sagen, ein Produkt der frühen Globalisierung.

GIN HEUTE: DIE WIEDERBELEBUNG EINER FAST TOTGEGLAUBTEN SPIRITUOSE

Der Gin hat also eine lange Tradition und eine wechselvolle Geschichte, die mit der „Abwicklung" des britischen Empires noch lange nicht zu Ende ist. Allerdings schien zwischenzeitlich Wodka den Gin fast vollständig verdrängt zu haben, selbst in klassischen Gin-Cocktails wie dem Martini. Denn ab den 60er-Jahren des letzten Jahrhunderts änderten sich die Trinkgewohnheiten. Mit einem Mal galt Gin als Getränk für alte Leute. Wodka war en vogue. Ende der 90er-Jahre setzte eine vorsichtige Renaissance des Gins ein, die im neuen Jahrtausend rasch an Fahrt aufnahm und bis heute anhält.

Doch bis der Gin dem Wodka den Rang abgelaufen hat, dürften noch ein paar Jahre ins Land ziehen. Tatsächlich haben Gin und Genever in 2019 in Deutschland nur einen Marktanteil von 3,2 % und Wodka einen von 16,1 % am gesamten Spirituosenmarkt. Allerdings wächst der Anteil des Gins. Bis zu welchem Marktanteil steht in den Sternen. Enorm gewachsen ist auf jeden Fall die Zahl an Gin-Brennereien – nicht zuletzt in Deutschland.

DER SPRIT, DAS RECHT UND DIE PFLICHT

ZUTATEN DER GEISTHERSTELLUNG

Die Qualität der Zutaten ist für die Herstellung hochqualitativer Spirituosen essenziell. Nur aus besten Zutaten kann auch ein erstklassiger Gin oder Geist hergestellt werden. Nur die Aromen, die im Mazerat schlummern, können auch destillativ gewonnen werden.

Ist die Rohware aromareich und von hoher Qualität, wird auch das Destillat aromaintensiv und von hoher Qualität sein. Wird jedoch belastete Rohware verwendet, wie beispielsweise verschimmelte Himbeeren, wird das negativ zu bewertende Schimmelaroma auch ins Destillat übergehen. Es gilt wie auch beim Whisky oder einem Obstbrand die Grundregel: Der Rohstoff ist entscheidend.

Die Zutaten der Geistherstellung sind:

- der sogenannte Neutralalkohol (Ethylalkohol landwirtschaftlichen Ursprungs)
- die Drogen/Botanicals
- das Wasser

NEUTRALALKOHOL

Der grundlegende Unterschied zwischen Geist und Brand ist, dass für Geist Ethylalkohol landwirtschaftlichen Ursprungs als Grundlage verwendet werden muss. In diesem Alkohol wird der Rohstoff, seien es nun die Beeren oder Kräuter, mazeriert und nach der Mazeration destilliert. Es findet folglich keine Vergärung des Rohstoffes statt. Beim Brand ist das anders: Der vergärbare Zucker in der Maische wird vergoren und diese alkoholhaltige Maische wird nach der Fermentation destilliert. Der daraus gewonnene Alkohol ist durch die Gärung entstanden und nicht durch Zugabe eines hoch rektifizierten Primasprits (Ethylalkohol landwirtschaftlichen Ursprungs).

WAS IST EIGENTLICH ETHYLALKOHOL LANDWIRTSCHAFTLICHEN URSPRUNGS?

Ethylalkohol landwirtschaftlichen Ursprungs wird im Brennerjargon Neutralalkohol oder Primasprit genannt. Er ist hochrektifizierter und sehr reiner Alkohol mit einem Mindestalkoholgehalt von 96 % vol (Volumenprozent) und einem maximalen Methanolgehalt von 30 g/hl r. A. (Gramm pro Hektoliter reinem Alkohol). Der Ausgangsstoff ist in den meisten Fällen kaum bis gar nicht sensorisch zu erkennen. Neutralalkohol wird als Basis für Liköre und für die Herstellung von Geisten und auch Gin benötigt.

Ethylalkohol landwirtschaftlichen Ursprungs kann auf einer herkömmlichen Brennerei nicht hergestellt werden. Nur wenige Betriebe verfügen über eine Rektifikationskolonne mit über 45 Destillierböden, um den erforderlichen

Alkoholgehalt von 96 % vol zu erreichen. Genauso wenig sind sie technisch in der Lage, einen Methanolgehalt von 30 g/hl r. A. zu unterschreiten. In der Regel muss der Brenner/ Destillateur also den Neutralalkohol zukaufen.

Die geläufigsten Qualitäten sind:

- Neutralalkohol oder Primasprit
- EFF-Sprit (extra fein filtriert)
- Neutralalkohol aus Kartoffeln
- Neutralalkohol aus verschiedenen Getreidesorten, teilweise sortenrein

Der Gesetzgeber hat in der EU-Spirituosenverordnung 2019/787 Artikel 5 folgende Parameter festgelegt, denen Ethylalkohol landwirtschaftlichen Ursprungs entsprechen muss:

Zitat aus der Spirituosenverordnung
Begriffsbestimmung für und Anforderungen an Ethylalkohol landwirtschaftlichen Ursprungs

Für die Zwecke dieser Verordnung bezeichnet der Begriff „Ethylalkohol landwirtschaftlichen Ursprungs" eine Flüssigkeit, die folgende Anforderungen erfüllt:

a) sie wurde ausschließlich aus den in Anhang I des Vertrags aufgeführten Erzeugnissen gewonnen;
b) sie weist keinen feststellbaren Fremdgeschmack auf;
c) ihr Mindestalkoholgehalt beträgt 96,0 % vol;
d) die Höchstwerte an Nebenbestandteilen betragen:
   i) Gesamtsäuregehalt, ausgedrückt als Essigsäure in g/hl r. A.: 1,5;
   ii) Ester, ausgedrückt als Ethylacetat in g/hl r. A.: 1,3;
   iii) Aldehyde, ausgedrückt als Acetaldehyd in g/hl r. A.: 0,5;
   iv) höhere Alkohole, ausgedrückt als 2-Methyl-1-Propanol in g/hl r. A.: 0,5;
   v) Methanol, ausgedrückt in g/hl r. A.: 30;
   vi) Abdampfrückstand in g/hl r. A.: 1,5;
   vii) flüchtige Stickstoffbasen, ausgedrückt als Stickstoff in g/hl r. A.: 0,1;
   viii) Furfural: nicht nachweisbar.

Ethylalkohol landwirtschaftlichen Ursprungs kann im sogenannten Batchverfahren, also in mehreren voneinander getrennten Brennvorgängen, oder aber kontinuierlich in Anlagen mit diversen „in Reihe schaltbaren" Kolonnen, zur Reinigung und Verstärkung des Alkohols, hergestellt werden. Bei den Großproduzenten wird in der Regel kontinuierlich produziert, da die Herstellungskosten von Neutralalkohol im klassischen Batchverfahren höher liegen als bei Anlagen, die kontinuierlich produzieren.

Moderne Anlagen sind außerdem mit Wärme-/ Energierückgewinnungssystemen ausgestattet, denn die Energieversorgung (Wärme) und -kosten sind ein sehr wichtiger und wirtschaftlicher Faktor bei der Ethanolproduktion. Bei der kontinuierlichen Ethanolproduktion werden viele Kolonnen gleichzeitig betrieben sowie teilweise in Reihe geschaltet, um die Verluste an dem Produkt und an Energie zu minimieren. Heutzutage durchläuft der Neutralalkohol in der Regel zusätzlich eine Methanolkolonne (Kolonne zur Methanolreduzierung), um den Neutralalkohol weitgehend vom Methanol zu befreien. Batch-Rektifizierkolonnen, die geeignet sind Neutralalkohol und Wodka herzustellen, werden heutzutage gerne für die Herstellung von Craft-Wodkas, sortenreinen Wodkas oder des Neutralalkohols aus dem eigenen beziehungsweise regionalen Getreide/Rohstoff eingesetzt.

LONDON DRY GIN

Soll ein London Dry Gin hergestellt werden, ist die Auswahl der Zutaten noch einmal wichtiger, da diese Gin-Kategorie nach der EU-Spirituosenverordnung nur einen Methanolgehalt von höchstens 5 g/hl r. A. aufweisen darf. Deshalb ist bereits durch die Auswahl der Rohstoffe und der Qualität des Ethylalkohols landwirtschaftlichen Ursprungs darauf zu achten, dass dieser Höchstwert nicht überschritten wird.

RECHTLICHES ZUR GEISTHERSTELLUNG

Es ist gesetzlich vorgeschrieben, für die Herstellung von Geisten und Gin nur Neutralalkohol landwirtschaftlichen Ursprungs zu verwenden. Die Verwendung von Bränden oder Nachläufen als Basis für die Geist- und Gin-Herstellung ist somit nicht zulässig. Die EU Spirituosenverordnung 2019/787 schreibt vor:

Zitat aus der Spirituosenverordnung

17. -geist (ergänzt durch den Namen der verwendeten Frucht oder der verwendeten Ausgangsstoffe)

a) -geist (ergänzt durch den Namen der verwendeten Frucht oder der verwendeten Ausgangsstoffe) ist eine Spirituose, die durch Mazeration von in Kategorie 16 Buchstabe a Ziffer ii aufgeführten unvergorenen Früchten und Beeren oder von Gemüse, Nüssen, anderen pflanzlichen Stoffen, wie Kräutern oder Rosenblättern, oder Pilzen in Ethylalkohol landwirtschaftlichen Ursprungs und anschließende Destillation zu weniger als 86 % vol hergestellt wird.

b) Der Mindestalkoholgehalt von -geist (ergänzt durch den Namen der verwendeten Frucht oder der verwendeten Ausgangsstoffe) beträgt 37,5 % vol.

c) -geist (ergänzt durch den Namen der verwendeten Frucht oder der verwendeten Ausgangsstoffe) darf nicht aromatisiert werden.

d) -geist (ergänzt durch den Namen der verwendeten Frucht oder der verwendeten Ausgangsstoffe) darf nicht gefärbt werden. 17.5.2019 L 130/39 Amtsblatt der Europäischen Union DE

e) -geist (ergänzt durch den Namen der verwendeten Frucht oder der verwendeten Ausgangsstoffe) darf zur Abrundung des endgültigen Geschmacks des Erzeugnisses gesüßt werden. Das Fertigerzeugnis darf jedoch nicht mehr als 10 g süßende Erzeugnisse je Liter, ausgedrückt als Invertzucker, enthalten.

f) Der Begriff -geist darf – wenn ihm ein anderer Begriff als der Name einer verwendeten Frucht oder Pflanze oder eines sonstigen verwendeten Ausgangsstoffs vorangestellt wird – die rechtlich vorgeschriebene Bezeichnung für andere Spirituosen und alkoholische Getränke ergänzen, sofern durch eine solche Verwendung die Verbraucher nicht irregeführt werden.

Der Vollständigkeit halber folgt noch die Auflistung der unvergorenen Früchte und Beeren, aus denen Geist hergestellt werden darf, die in der Spirituosenverordnung unter der Kategorie 16 Buchstabe a Ziffer ii aufgelistet sind (Änderungen vorbehalten, deshalb immer auch alle zusätzlichen erlassenen Verordnungen, Sonderregelungen, Erweiterungen, Nachträge sowie die aktuell gültige Rechtslage prüfen):

Zitat aus Spirituosenverordnung
Anhang 1 Kategorie 16 Buchstabe a Ziffer II

ii) sie wird aus folgenden Früchten, Beeren oder Nüssen hergestellt:

- Apfelbeeren oder Aronia (*Aronia* Medik. nom. cons.),
- Schwarze Apfelbeeren (*Aronia melanocarpa* (Michx.) Elliott),
- Kastanien (*Castanea sativa* Mill.),
- Zitrusfrüchte (*Citrus* spp.),
- Haselnüsse (*Corylus avellana* L.),
- Schwarze Krähenbeeren (*Empetrum nigrum* L.),
- Erdbeeren (*Fragaria* spp.),
- Sanddorn (*Hippophae rhamnoides* L.),
- Stechpalme (*Ilex aquifolium* und *Ilex cassine* L.),
- Kornelkirsche (*Cornus mas*),
- Walnüsse (*Juglans regia* L.),
- Bananen (*Musa* spp.),
- Myrte (*Myrtus communis* L.),
- Kaktusfeigen (*Opuntia ficus-indica* (L.) Mill),
- Passionsfrüchte (*Passiflora edulis* Sims),
- Traubenkirschen (*Prunus padus* L.),
- Schlehen (*Prunus spinosa* L.),
- Schwarze Johannisbeeren (*Ribes nigrum* L.),
- Weiße Johannisbeeren (*Ribes niveum* Lindl.),
- Rote Johannisbeeren (*Ribes rubrum* L.),
- Stachelbeeren (*Ribes uva-crispa* L. syn. *Ribes grossularia*),
- Hagebutten (*Rosa canina* L.),
- Allackerbeeren (*Rubus arcticus* L.),
- Moltebeeren (*Rubus chamaemorus* L.),
- Brombeeren (*Rubus* sect. *Rubus*),
- Himbeeren (*Rubus idaeus* L.),
- Holunder (*Sambucus nigra* L.),
- Vogelbeeren (*Sorbus aucuparia* L.),
- Speierling (*Sorbus domestica* L.),
- Elsbeeren (*Sorbus torminalis* (L.) Crantz),
- Cythera Pflaumen (*Spondias dulcis* Parkinson),
- Mombinpflaumen (*Spondias mombin* L.),
- Amerikanische Heidelbeere (*Vaccinium corymbosum* L.),
- Gewöhnliche Moosbeere (*Vaccinium oxycoccos* L.),
- Heidelbeeren (*Vaccinium myrtillus* L.),
- Preiselbeeren (*Vaccinium vitis-idaea* L.).

Wichtig ist, darauf zu achten, dass diese Rohstoffe unvergoren sein müssen. Es gibt neben der Möglichkeit einen Geist herzustellen auch die Möglichkeit einen „-brand (ergänzt durch den Namen der verwendeten Frucht, Beere oder Nuss), der durch Mazeration und Destillation gewonnen" wird, herzustellen. Hier darf der Rohstoff teilweise vergoren oder unvergoren sein. Bei einem „Brand, der durch Mazeration und Destillation gewonnen" wird, handelt es sich prinzipiell um einen Geist mit sehr hohem Frucht-/Rohstoffeinsatz. Der Gesetzgeber schreibt für den „Brand durch Mazeration und Destillation gewonnen" Folgendes vor:

Zitat Spirituosenverordnung
Anhang 1 Kategorie 16

16. -brand (ergänzt durch den Namen der verwendeten Frucht, Beere oder Nuss), der durch Mazeration und Destillation gewonnen wird

a) -brand (ergänzt durch den Namen der verwendeten Frucht, Beere oder Nuss), der durch Mazeration und Destillation gewonnen wird, ist eine Spirituose, die folgende Anforderungen erfüllt:
   i) Sie wird hergestellt durch: – Mazeration von in Ziffer ii genannten Früchten, Beeren oder Nüssen, die teilweise vergoren oder unvergoren sind, wobei höchstens 20 Liter Ethylalkohol landwirtschaftlichen Ursprungs oder Brand und/oder Destillat aus derselben Frucht, Beere oder Nuss je 100 kg vergorener Früchte, Beeren oder Nüsse zugesetzt werden dürfen, und – anschließende Destillation; jede Destillation erfolgt zu weniger als 86 % vol;
   ii) sie wird aus folgenden Früchten, Beeren oder Nüssen hergestellt:

- Apfelbeeren oder Aronia (*Aronia* Medik. nom. cons.),
- Schwarze Apfelbeeren (*Aronia melanocarpa* (Michx.) Elliott),
- Kastanien (*Castanea sativa* Mill.),
- Zitrusfrüchte (*Citrus* spp.),
- Haselnüsse (*Corylus avellana* L.),
- Schwarze Krähenbeeren (*Empetrum nigrum* L.),
- Erdbeeren (*Fragaria* spp.),
- Sanddorn (*Hippophae rhamnoides* L.),
- Stechpalme (*Ilex aquifolium* und *Ilex cassine* L.),
- Kornelkirsche (*Cornus mas*),
- Walnüsse (*Juglans regia* L.),
- Bananen (*Musa* spp.),
- Myrte (*Myrtus communis* L.),
- Kaktusfeigen (*Opuntia ficus-indica* (L.) Mill),
- Passionsfrüchte (*Passiflora edulis* Sims),
- Traubenkirschen (*Prunus padus* L.),
- Schlehen (*Prunus spinosa* L.),
- Schwarze Johannisbeeren (*Ribes nigrum* L.),
- Weiße Johannisbeeren (*Ribes niveum* Lindl.),
- Rote Johannisbeeren (*Ribes rubrum* L.),
- Stachelbeeren (*Ribes uva-crispa* L. syn. *Ribes grossularia*),
- Hagebutten (*Rosa canina* L.),
- Allackerbeeren (*Rubus arcticus* L.),
- Moltebeeren (*Rubus chamaemorus* L.),
- Brombeeren (*Rubus* sect. *Rubus*),
- Himbeeren (*Rubus idaeus* L.),
- Holunder (*Sambucus nigra* L.),
- Vogelbeeren (*Sorbus aucuparia* L.),
- Speierling (*Sorbus domestica* L.),
- Elsbeeren (*Sorbus torminalis* (L.) Crantz),
- Cythera-Pflaumen (*Spondias dulcis* Parkinson),
- Mombinpflaumen (*Spondias mombin* L.),
- Amerikanische Heidelbeere (*Vaccinium corymbosum* L.),
- Gewöhnliche Moosbeere (*Vaccinium oxycoccos* L.),
- Heidelbeeren (*Vaccinium myrtillus* L.),
- Preiselbeeren (*Vaccinium vitis-idaea* L.).

b) Der Mindestalkoholgehalt von -brand (ergänzt durch den Namen der verwendeten Frucht, Beere oder Nuss), der durch Mazeration und Destillation gewonnen wird, beträgt 37,5 % vol.
c) -brand (ergänzt durch den Namen der verwendeten Frucht, Beere oder Nuss), der durch Mazeration und Destillation gewonnen wird, darf nicht aromatisiert werden.
d) -brand (ergänzt durch den Namen der verwendeten Frucht, Beere oder Nuss), der durch Mazeration und Destillation gewonnen wird, darf nicht gefärbt werden.
e) Ungeachtet des Buchstabens d und abweichend von Anhang II Teil E Lebensmittelkategorie 14.2.6 der Verordnung (EG) Nr. 1333/2008 darf jedoch Zuckerkulör verwendet werden, um die Farbe von -brand (ergänzt durch den Namen der Frucht, Beere oder Nuss), der durch Mazeration und Destillation gewonnen wird und der mindestens ein Jahr lang in Kontakt mit Holz gereift ist, anzupassen.
f) -brand (ergänzt durch den Namen der verwendeten Frucht, Beere oder Nuss), der durch Mazeration und Destillation gewonnen wird, darf zur Abrundung des endgültigen Geschmacks des Erzeugnisses gesüßt werden. Das Fertigerzeugnis darf jedoch nicht mehr als 18 g süßende Erzeugnisse je Liter, ausgedrückt als Invertzucker, enthalten.
g) In der Bezeichnung, Aufmachung und Kennzeichnung von -brand (ergänzt durch den Namen der verwendeten Frucht, Beere oder Nuss), der durch Mazeration und Destillation gewonnen wird, muss der Hinweis „durch Mazeration und Destillation gewonnen" in derselben Schriftart, Größe und Farbe und im selben Sichtfeld wie der Hinweis „-brand (ergänzt durch den Namen der Frucht, Beere oder Nuss)" erscheinen; er ist bei Flaschen auf dem Frontetikett anzubringen.

Folglich ist beispielsweise ein Himbeerbrand, durch Mazeration und Destillation gewonnen, von der Herstellung ein Geist, der im Mazerat auf 20 l Primasprit mindestens 100 kg Himbeeren enthalten muss. Dies sind sehr fruchtintensive Produkte, die in der Herstellung, durch den hohen Rohstoffeinsatz, teurer sind als ein klassischer Geist.

Hinweis: Die Höchstmengen für die Abrundung durch süßende Erzeugnisse können auf nationaler Ebene strenger reglementiert werden (siehe hierzu auch geltende nationale Bestimmungen). Für die Herstellung von hochqualitativen Destillaten ist eine Abrundungszuckerung keinesfalls vonnöten.

EUR-LEX

EUR-Lex ist Ihr Online-Portal zum EU-Recht. Es bietet den offiziellen und den umfassendsten Zugang zu Rechtsdokumenten der EU. EUR-Lex ist in allen 24 Amtssprachen der EU verfügbar und wird täglich aktualisiert: https//eur-lex.europa.eu

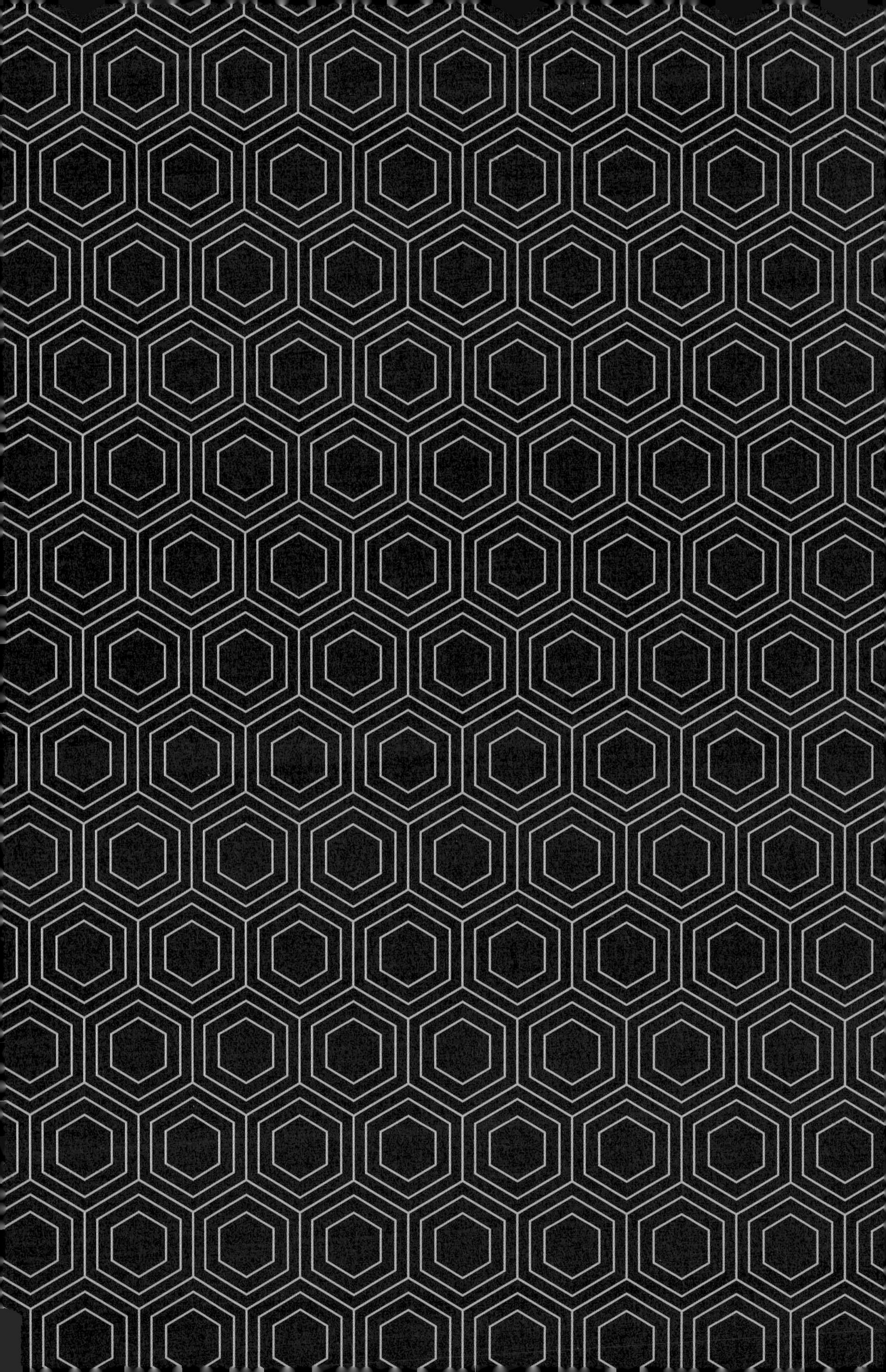

NUR GUTE
DROGEN

DROGEN: DER STOFF FÜR SPIRITUOSENLIEBHABER – *GANZ OHNE BERAUSCHENDE WIRKUNG*

Was sind Drogen überhaupt? Welche Kategorien gibt es? Wie werden sie geprüft und am besten gelagert, um ihre Qualität möglichst lange zu erhalten? Dazu gibt dieses Kapitel einen kurzen Einblick. Als Resultat leitet sich daraus ab, dass die Qualität der Rohware für die Herstellung von Premiumdestillaten essenziell ist.

DROGEN

Drogen sind Pflanzenteile wie beispielsweise Wurzeln, Blüten, Samen, Früchte, Rinden, Kräuter usw., die für die Herstellung von Spirituosen Verwendung finden. Diese Zutaten des Destillateurs haben nichts mit illegalen Betäubungsmitteln zu tun, die umgangssprachlich als Drogen bezeichnet werden. Der Ursprung des Wortes „Droge" aus dem deutschen Sprachgebrauch lässt sich zurückführen auf das niederdeutsche Wort „drög" für trocken und auf das slawische Wort „dorogo" für kostbar beziehungsweise teuer.

In Spirituosen dürfen nur Pflanzen und Kräuter Verwendung finden, die auch dafür zugelassen sind. Dies gilt auch für Grenzwerte von gewissen Inhaltsstoffen, die durch die Pflanzenteile/Drogen in das Produkt gelangen können. Diese Grenzwerte dürfen nicht überschritten werden.

Da frische Kräuter nur zur Erntezeit zur Verfügung stehen, wird oft ein Großteil der Ernte getrocknet und somit lagerfähig. So kann über das ganze Jahr produziert werden. Durch eine verbesserte Technik und eine fortgeschrittene Globalisierung ist es heutzutage aber einfacher, auch an „frische" Drogen zu gelangen. Gewächshäuser, neue Lagertechniken und verbesserte Transportbedingungen machen es möglich.

EXKURS BOTANICALS & CRAFT

Das deutsche Wort „Droge" wird im Zusammenhang mit Gin zunehmend durch die englische Entsprechung „botanical" abgelöst. So geht es auch dem Wort „handwerklich", das häufig durch „craft" ersetzt wird. Der Brenner oder Destillateur, der auf handwerkliche Weise Spirituosen produziert, wird heutzutage häufig als sogenannter Craft Distiller vermarktet. Diese simple Umfirmierung eröffnet den Herstellern von Spirituosen eine einfache Möglichkeit, außerhalb von Deutschland mit seinen Produkten Fuß zu fassen, weil der Craft Distiller weltweit ein Begriff ist. So kann ein Hersteller Kunden auf der ganzen Welt einfacher für sein hochwertiges Produkt begeistern, da kein großer Erklärungsbedarf entsteht, um was für eine Art von Erzeuger es sich hier handelt. Genauso wie weltweit bekannt ist, was ein Craft Beer ist, ist auch bekannt, was Craft Spirits sind. Allerdings: Die Dimensionen, unter denen Erzeuger als Craft Distiller auftreten, sind höchst unterschiedlich. Sie reichen von wenigen Litern in Mitteleuropa bis hin zu „fewer than 750 000 gallons annually" (American Craft Spirits Association, ACSA), also weniger als stattliche 2839058,84 l …

Für eine bessere Übersicht kann man Drogen in Kategorien einteilen:

- Kräuterdrogen
- Blüten, Samen, Früchte
- Wurzeldrogen
- Hölzer und Rinden

Die bekanntesten Drogen/Botanicals, die in der Herstellung von Spirituosen Verwendung finden

Kräuterdrogen	Blüten, Samen, Früchte	Wurzeldrogen	Hölzer und Rinden
Alpenbeifuß	Angelikasamen	Alantwurzel	Angosturarinde
Basilikum	Anis	Angelikawurzel	Chinarinde
Bitterklee	Arnikablüten	Baldrianwurzel	Guajakholz
Bitterdistel	Bisamkörner	Enzianwurzel	Zimtrinde
Ivakraut	Curacaoschale	Galgantwurzel	
Krauseminze/Pfefferminze	Fenchelsamen	Ingwer	
Melisse/Zitronenmelisse	Heidelbeeren	Iriswurzel	
Salbei	Johannisbrot	Kalmuswurzel	
Tausendgüldenkraut	Kakaobohnen	Liebstöckelwurzel	
Thymian	Kamille	Meisterwurzel	
Wermutkraut	Kardamom	Ratanhiawurzel	
Ysopkraut	Koriander	Rhabarberwurzel	
	Kümmel	Süßholzwurzel	
	Mandarine	Zitwerwurzel	
	Mandeln		
	Muskatnuss		
	Nelke		
	Pampelmuse		
	Pappelknospen		
	Paradieskörner		
	Pfeffer		
	Pomeranzenschale		
	Safran		
	Selleriesamen		
	Sternanis		
	Tonkabohne		
	Vanille		
	Wacholderbeeren		

KONTROLLE DER ROHWAREN

Es ist ratsam, die Rohware an Kräutern, Gewürzen, Samen, Blüten, Wurzeln, Hölzern, Rinden oder Früchten beim Wareneingang umgehend einer Qualitätskontrolle zu unterziehen. Allein mit den Augen und der Nase kann sensorisch beurteilt werden, ob die Rohware modrig riecht oder bereits zu schimmeln begonnen hat. Dies ist ein Indiz dafür, dass die Rohware zu feucht gelagert worden ist.

Auch eine Kontamination der Rohware mit Schädlingen, wie beispielsweise Käfern, Fliegen, Asseln und anderen Tieren, gilt es auszuschließen. Andere Verunreinigungen, wie beispielsweise unerwünschte Pflanzenteile, Sand oder Steine, haben ebenfalls nichts in der Rohware zu suchen.

Zusätze wie Verdickungsmittel, Stärke oder Hirsemehl wurden früher, als die Rohwaren noch deutlich teurer waren, zugesetzt, um die Ware zu strecken. Dies ist aber bedingt durch eine bessere Analytik, Mikroskopie, strengere Eingangskontrollen und auch Zertifizierungsauflagen nur noch sehr selten und wenn nur bei sehr teuren Drogen der Fall.

EXKURS TOXINE

Schimmelpilze wie einige der *Aspergillus*-Stämme können Giftstoffe, Aflatoxine, die zu den Mykotoxinen zählen, bilden. Sie sind in höheren Dosen gesundheitsschädlich. Der Gehalt an Aflatoxinen unterliegt gesetzlich festgelegten Höchstwerten. Die Höchstwerte der verschiedenen Lebensmittel sind in der EU-Verordnung „VERORDNUNG (EG) Nr. 1881/2006 zur Festsetzung der Höchstgehalte für bestimmte Kontaminanten in Lebensmitteln“ aufgeführt.

Die Autoren bei der Rohwarenkontrolle.

LAGERUNG

Die korrekte Lagerung der Rohware ist enorm wichtig, um die Qualität der Drogen weitgehend zu erhalten. Die Ideallösung ist ein eigener Lagerraum für die Botanicals. Der Lagerort sollte vor Sonnenlicht geschützt sein, trocken und geruchsneutral sein und eine relative Luftfeuchtigkeit zwischen 60 und 70 % aufweisen. Eine zu hohe Luftfeuchtigkeit von über 80 % und zu hohe Temperaturen sollten zwingend vermieden werden, da es zu deutlichen Qualitätsverlusten kommen kann. Ebenso sind Hitze und eine zu hohe Luftfeuchtigkeit oft Ursachen einer Selbstentzündung des Lagerguts. Dies ist mit einer Selbstentzündung von Heu vergleichbar, wie sie vielen Landwirten bekannt sein dürfte.

Die ätherischen Öle und Gerbstoffe der Botanicals, wie beispielsweise von Blüten oder auch Zitrusschalen, sind sehr anfällig für Oxidation, welche durch den Sauerstoff der Umgebungsluft ausgelöst wird. Wurzeln oder Hölzer sind dagegen nicht so empfindlich, was Oxidation angeht, und daher länger lagerfähig.

Auch der Zerkleinerungsgrad der Droge beeinflusst die Lagerdauer. Wird beispielsweise eine Droge so sehr zerkleinert, dass ein Pulver entsteht, ist sie deutlich weniger lang lagerfähig als die Droge im Ganzen. Der Grund dafür ist, dass beim Pulver die Oberfläche und Kontaktfläche zum Luftsauerstoff deutlich größer ist als bei einer intakten Wurzel oder einem vollständigen Rhizom. Folglich schreitet der Qualitätsverlust während der Lagerung deutlich schneller fort. Aber natürlich kann es, je nach Rezeptur, andererseits durchaus sinnvoll sein, eine Droge durch eine Pulverisierung sehr fein aufzuschließen. Doch sollte dieser Arbeitsschritt erst kurz vor der weiteren Verarbeitung erfolgen. Empfehlenswert ist es, nur die Mengen zu pulverisieren, die auch unmittelbar nach dem Mahlen in Alkohol mazeriert und weiterverarbeitet werden.

AUFBEWAHRUNGSGEFÄSSE

Die Gefäße für die Aufbewahrung von Botanicals müssen so verschlossen sein, dass keine Schädlinge in die Rohware gelangen können. Idealerweise sind die Vorratsgefäße zudem lichtundurchlässig und staubdicht. Die Luftfeuchtigkeit sollte so reguliert werden und die Gefäße so konzipiert sein, dass sich keine Nässe und kein Kondenswasser in der Rohware sammeln können. Bewährt haben sich Holzkästen oder Hartspankästen mit Deckel. Heutzutage werden auch vermehrt Kunststoffe aus Polyethylen oder Polyamid für Lagerbehältnisse verwendet, die weitgehend aromadicht sind. Drogen, die stark „wasserziehend“ sind, lagern am besten in dicht verschlossenen Gefäßen oder solchen, in denen separiert von den Drogen Trocknungsmittel eingesetzt werden können. Solche Gefäße besitzen entweder einen doppelten Boden oder sind als zweiteiliges Lagergebinde aufgebaut. Das Prinzip ist von den Reiskörnern in einem Salzstreuer bekannt, nur dass sich hier das Trocknungsmittel getrennt vom Rohstoff befindet.

BEVORRATUNG

Abhängig vom Rohstoff variiert die Zeitspanne stark, in der Drogen ohne große Qualitätseinbußen gelagert werden können. Manche Drogen sind teilweise bis zu 24 Monate lagerfähig, andere sind deutlich kürzer haltbar. Tendenziell macht es Sinn, die Lagerbestände der Verfügbarkeit und dem Produktionsablauf anzupassen. So ist es nicht effektiv, sich mit Drogen für zehn Jahre einzudecken, da eine solch lange Lagerdauer meist mit hohen Qualitätsverlusten einhergeht. Dennoch sei gesagt, dass viele Zutaten, je nach Anbauregion, nur einmal im Jahr geerntet werden können, sie also nicht unbedingt das ganze Jahr über erhältlich sind. Der Aspekt der Verfügbarkeit eines Rohstoffs darf also in einem Unternehmen auch nicht vernachlässigt werden, will man nicht das Risiko einer ungelegenen Produktionsunterbrechung eingehen.

DROGENKUNDE

Die nachfolgenden Seiten gewähren einen kleinen Einblick in die Welt der Drogen, die für die Herstellung von Gin, Absinth, Enzian und anderen Kräuter-Destillat-Spezialitäten herstellungsrelevant sind. Allerdings werden hier nur die wichtigsten und gebräuchlichsten Drogen beschrieben.

Angesichts der schier unüberschaubaren Vielfalt an Botanicals, die bei der Herstellung der genannten Destillate Verwendung finden – man kann von mehreren Hundert pflanzlichen Rohstoffen ausgehen – kann dieses Buch nur einen kleinen Überblick über das Thema bieten (Tabelle Seite 27).

Wichtig für Sie in diesem Zusammenhang ist, dass das große Gin-Angebot auf dem Markt geradezu dazu herausfordert, eigene Wege zu beschreiten, um Ihren Gin von den Angeboten der Mitbewerber zu unterscheiden. Experimentieren Sie also ruhig mit ungewöhnlichen Botanicals. Gerne auch mit regionalen Drogen. So erhält Ihr Gin auch sein eigenständiges, regionales Profil. Beachten Sie jedoch immer, dass Ihr Produkt den geltenden Spirituosen-Verordnungen und Regularien entspricht.

Mit Wacholder, Zitrus- und Orangenschalen, Lavendel, Pfeffer und Rosmarin sind hier einige der wichtigsten Gin-Botanicals versammelt.

Wacholderbeeren

Der Wacholderstrauch (*Juniperus communis L.*), auch als Gemeiner oder Heide-Wacholder bekannt, zählt zu den sogenannten Zypressengewächsen (Cupressaceae) und wächst als Strauch oder kleiner Baum vor allem auf eher trockenen, oft kalkhaltigen Böden mit höheren pH-Werten. Er kann bis zu 600 Jahre alt werden und wächst bei uns in Deutschland zum Teil als Unterholz in Wäldern oder bildet ausgedehnte Bestände in Heidegebieten. Als eines der wenigen Gehölze trotzt er, bedingt durch die stachligen „Nadelblätter", dem Verbiss durch Schafe. In Deutschland besonders bekannt sind die Bestände in der Lüneburger Heide und auf der Schwäbischen Alb.

Die unreife einjährige Beere ist grün, die zweijährige blauschwarz und süß. Besonders gute Qualitäten erhält man aus dem Mittelmeerraum, beispielsweise aus Italien und anderen mediterranen Ländern. Dort führen die vielen Sonnentage zu vergleichsweise mehr Aromastoffen.

INHALTSSTOFFE

Je nach Herkunft enthält die Wacholderbeere 0,5–2 % ätherische Öle. Die Hauptbestandteile sind vor allem α- und β-Pinen, Myrcen, Sabinen und Terpineol sowie eine Vielzahl anderer Bestandteile in geringeren Mengen. Neben dem ätherischen Öl enthält Wacholder etwa 30 % Zucker, ungefähr 5 % Gerbstoffe, Säuren, Fette, Harze und das bitter schmeckende Glykosid Juniperin.

VERWENDUNG IN DER BRENNEREI

Das Mazerat ist dunkelrot bis braun. Sensorisch wirkt der Wacholderansatz eher süß bis bitter, dazu etwas harzig mit angenehmen Wacholdernoten. Das Destillat aus Wacholderbeeren ist zu Anfang der Destillation intensiv mit angenehmem, typischem Wacholderaroma. Es wird von Fraktion zu Fraktion, bis hin zum Nachlauf, immer harziger bis zu holzig. Wacholder ist eine der wichtigsten Zutaten im Gin, denn laut EU-Spirituosenverordnung muss bei jeder der drei Gin-Kategorien der Geschmack nach Wacholder vorherrschend bleiben.

Für die Herstellung von qualitativ hochwertigen Destillaten sollten nur vollreife Wacholderbeeren verwendet werden. Diese zeichnen sich durch ihre tiefblaue Farbe aus. Unreife Wacholderbeeren, im frischen Zustand an der grünen Farbe zu erkennen, sind nicht geeignet. Wurden vor der Trocknung die unreifen Beeren nicht aussortiert, sind sie leicht an ihrer braunen bis rötlichen Farbe ausfindig zu machen.

Zitrone

Ursprünglich kommt die Zitrone aus Indien und ist von China vermutlich über Handelsrouten nach Persien und Arabien gelangt. Ab dem zehnten Jahrhundert verbreitete sie sich im Mittelmeerraum. Von dort wurde die Zitrone von Seefahrern in die ganze Welt getragen und ist wahrscheinlich mit Kolumbus nach Amerika gelangt.

Der Zitronenbaum (*Citrus × limon*) ist ein kleiner bis mittelgroßer Baum. Unter den Zitrusbäumen gehört er zu den größeren. Die Frucht besteht aus acht bis zehn Segmenten, die mit Saftschläuchen gefüllt sind. Jedes Segment wird von dem anderen durch das Endokarp, eine Art dünnes Häutchen, getrennt. Die Schale der Zitrone besteht aus einer inneren und äußeren Schicht. Die innere Schale ist das sogenannte Albedo, das sehr viele Bitterstoffe enthält. Die äußere Schicht, das Flavedo, enthält die für den Destillateur wichtigen Öldrüsen. Diese verströmen den typischen Zitronenduft und sind deshalb für die Destillat- und Gin-Herstellung äußerst interessant. Zitronen werden aufgrund des langen Transportweges oft behandelt, nichtsdestotrotz sollten unbehandelte Zitronen verwendet werden.

INHALTSSTOFFE

Die frische Zitronenschale enthält bis zu 6 % ätherisches Öl, das zu circa 70 % aus Limonen und circa 5 % Citral besteht. Außerdem sind noch viele andere Aromastoffe enthalten. Ein Aromastoff in Reinform kann daher nie den ganzen Aromaeindruck eines Rohstoffes wiedergeben, da beispielsweise eine Zitrone aus einer Vielzahl verschiedener Aromakomponenten besteht. Allerdings gibt es Haupt-Aroma-Komponenten, die jedoch nur in Kombination mit den anderen Aromastoffen die „echte" Zitrone ergeben.

Im Saft der Zitrone sind Zucker und Säuren, hier hauptsächlich Zitronensäure, enthalten. Zitronensaft enthält ebenfalls viel Vitamin C, weshalb bereits im 18. Jahrhundert Seeleuten zur Skorbutprophylaxe gezielt Zitronensaft verabreicht wurde.

VERWENDUNG IN DER BRENNEREI

Die Zitrone ist ein wichtiger Bestandteil in vielen Spirituosen und natürlich auch in Zitrusdestillaten beziehungsweise Zitronenspirituosen. Die Zitronenschale ist nach dem Wacholder wohl die am meisten verwendete Zutat diverser Gins. Außerdem werden die getrockneten Zitronenschalen vermehrt in Auszügen und Extrakten für die Likörherstellung eingesetzt.

Orange

Die Orange (*Citrus × sinensis*) ist mit der Zitrone die bekannteste Zitrusfrucht. Die Orange ist durch eine Kreuzung von Mandarine (*Citrus reticulata*) und Pampelmuse (*Citrus maxima*) entstanden. In Teilen Deutschlands wird die Orange auch Apfelsine genannt, was so viel wie „Apfel aus China" bedeutet. Wie der Name bereits erahnen lässt, stammt die Orange aus China und gelangte erst im 15. Jahrhundert nach Europa. Orangen sind die Frucht des Orangenbaumes, der zur Gattung der Zitruspflanzen gehört und in die Familie der Rautengewächse. Der Orangenbaum kann bis zu 10 m hoch werden und besitzt eine rundliche Baumkrone. Die Orange ist die am meisten angebaute Zitrusfrucht der Welt.

Die Frucht besteht aus zehn bis dreizehn Segmenten, die mit Saftschläuchen in oranger bis gelber Farbe gefüllt sind. Jedes Segment ist von dem Endokarp (siehe Zitrone Seite 34) umgeben. Die Schale der Orange besteht ebenfalls aus zwei Teilen: der inneren weißen Schale, dem Albedo, sowie der äußeren Schale, dem Flavedo.

In der Vollreife verströmt die äußere Schale, da sie viele Öldrüsen besitzt, den typischen aromatischen Orangenduft. Diese Öldrüsen sind der Grund dafür, dass die Schale für den Destillateur so interessant ist.

INHALTSSTOFFE

Die Orange enthält 2,5 % ätherisches Orangenöl, das zum Großteil aus Limonen besteht. Aber auch Vitamin C, Vitamin B und Biotin gehören zu den vielen Inhaltsstoffen der Orange. In der professionellen Bar oder in der Hausbar lassen sich mit Orangendestillaten, Likören oder Gins, die ausgeprägte Orangennoten aufweisen, eine Vielzahl an spannenden und köstlichen Cocktails und Longdrinks kreieren.

BEHANDELTE ORANGEN

Die Schale der Orange ist oft mit Wachsen behandelt, die Konservierungsstoffe enthalten. Als Rohstoff sollten aber unbehandelte Orangen oder Bio-Ware verwendet werden.

VERWENDUNG IN DER BRENNEREI

Die Schale kann frisch oder auch getrocknet genutzt werden. In Brennereien werden daraus Extrakte und Destillate hergestellt. Dabei ist die Orange die essenzielle Zutat für Orangenliköre und natürlich von Orangendestillaten. Sehr beliebt ist die Orange auch in Spirituosen wie Kräuterlikören, Curacao, zitrusbetonten Likören oder Destillaten. Als Zutat im Gin ist sie nicht wegzudenken, denn das angenehme und intensive Orangenaroma begeistert viele Kunden.

Koriander

Koriander (*Coriandrum sativum*) gehört zur Familie der Doldenblütler. Die Pflanze kann bis zu 90 cm hoch werden. Der Name leitet sich von dem griechischen Wort „kóris“ ab, was so viel wie Wanze bedeutet. Das liegt vor allem daran, dass der frische Koriander ähnlich wie eine Wanze riecht. Koriander wird auch als chinesische Petersilie bezeichnet, da seine Blätter so ähnlich aussehen wie die der uns bekannten Petersilie. In der asiatischen und südamerikanischen Küche wird Koriander in diversen Speisen verwendet. In Deutschland schätzt nicht jeder die Blätter des Korianders, da viele den strengen Geruch nicht mögen.

Für den Destillateur hingegen sind nicht die Blätter, sondern die Früchte des Korianders, die Koriandersamen (Coriandri Fructus), interessant. Koriandersamen sind kugelartige, gestreifte Körner, die einen Durchmesser von 2–5 mm aufweisen. Die Farbe variiert von beige-gelblich bis ins leicht Bräunliche.

INHALTSSTOFFE

Die Koriandersamen enthalten 1,5 % ätherisches Öl, das vorwiegend aus Linalool besteht. Auch enthalten sind: Campher, Geraniol, Borneol, Pinen, Limonen, Terpinen. Neben dem ätherischen Öl enthalten die Samen Petroselinsäure, Ölsäuren, Gerbstoffe, Flavonoide, Cumarine und Abkömmlinge der Kaffeesäure.

VERWENDUNG IN DER BRENNEREI

Koriandersamen sind mit Wacholder und Zitrone eine der am häufigsten verwendeten Zutaten im Gin. Wegen seines außergewöhnlichen Aromas sind Koriandersamen der ideale Begleiter zum Wacholder. Durch die Würze und die zitrusähnlichen Aromen des Korianders kann der Destillateur seinen Destillaten eine gute Balance aus Frische und Würze mitgeben.

Ein Destillat von Koriandersamen schmeckt feinblumig, leicht würzig, gepaart mit Noten von Zitronenmelisse. Im Nachlauf hingegen schmeckt es deutlich breiter mit leichten Noten von Anis. Vergleicht man sensorisch das Destillat mit dem Mazerat, so weist das Mazerat noch mehr blumige und zitrusartige Aromen auf, die der Bitterorange ähneln.

Koriander ist ein sehr beliebtes Botanical in der Spirituosenbranche. Er wird in Gin, Kräutergeisten, Gewürzspirituosen, Abteilikören, Kräuterlikören, Amer/Bitter, Boonekamp, Goldwasser und vielen anderen Spirituosen eingesetzt.

Angelikawurzel

Angelikawurzel (*Angelica archangelica*), auch Engelwurz genannt, gehört zur Familie der Doldenblütler. Engelwurz ist eine zwei- bis vierjährige, hapaxanthe, das heißt nur einmal im Leben blühende Staude, die nach der Blüte abstirbt. Engelwurz kann eine Wuchshöhe von bis zu 3 m erreichen und stammt ursprünglich aus Nordosteuropa. In Deutschland waren es anfänglich vor allem die Klöster mit ihren Kräutergärten, die Engelwurz anbauten.

Der Brenner nutzt von der Engelwurz primär die Wurzel, in Einzelfällen auch die Samen der Pflanze. Die Wurzel hat jedoch eine bedeutend höhere Relevanz. Dies ist vor allem auch dem Gin-Hype zu verdanken, denn in vielen der deutschen Gins ist die Angelikawurzel enthalten. Sie wird im Herbst des zweiten Entwicklungsjahres geerntet. Die getrocknete Wurzel ist äußerlich grau bis braun, manchmal auch leicht rötlich. Schneidet man die Wurzel auf, ist ihr Inneres eher weiß, beige bis leicht rötlich.

INHALTSSTOFFE

Die Wurzel enthält 0,3–1,5 % ätherisches Öl, in getrockneter Form 0,2 %, das zu großen Teilen aus β-Phellandren, α-Phellandren und α-Pinen besteht. Neben dem ätherischen Öl enthält die Wurzel auch Furocumarine, verschiedenste Säuren sowie Bitterstoffe, Harze und Stärke.

VERWENDUNG IN DER BRENNEREI

Schon vor der Renaissance des Gins war die Angelikawurzel eine gefragte Droge in der Herstellung von Abteilikören, Alpenkräuterlikören, Boonekamp, Kartäuser, Stonsdorfer und natürlich den traditionellen Gin-Varianten. Das Mazerat schmeckt aromatisch, herb, würzig mit einer ausgeprägten Schärfe. Wird das Mazerat destilliert, ist das Aromaprofil deutlich feiner und weniger herb. Brenner schätzen die Angelikawurzel sehr, denn im Gin zählt diese zu den beliebtesten Botanicals. Durch ihr vollmundiges Aromaprofil sorgt sie bei richtiger Dosierung für sehr ausgewogene und elegante Destillate.

Pfeffer

Der schwarze Pfeffer (*Piper nigrum*) gehört zur Familie der Pfeffergewächse. Die Früchte des Pfeffers nennt man Pfefferbeeren. Im Reifeprozess des Pfeffers sind die Beeren zu Beginn grün, dann gelb und in der Vollreife rot. Aus diesen Pfefferbeeren können verschiedene Pfeffersorten hergestellt werden – der grüne, der weiße, der schwarze und der rote Pfeffer.

Der schwarze Pfeffer ist die bekannteste Sorte. Schwarzer Pfeffer ist länger gereift und dadurch etwas größer als grüner Pfeffer. Die Pfefferfrucht wird beim schwarzen Pfeffer nach der Ernte ausgebreitet und in der Regel in der Sonne getrocknet. Durch die dabei stattfindende Oxidation erhält der schwarze Pfeffer seine typische dunkle Farbe.

INHALTSSTOFFE

Der Pfeffer enthält das Alkaloid Piperin, das die Schärfe des Pfeffers verursacht – je nach Pfeffersorte variiert der Piperingehalt. Pfefferöl, das als ätherisches Öl dem Pfeffer seinen Geschmack verleiht, ist mit circa 2,5–4,8 % enthalten und besteht aus Pinenen, 3-Caren, Terpinenen, Terpinolen und Limonen, α- und β-Caryophyllen, β-Farnesen sowie oxidierten Terpenen.

VERWENDUNG IN DER BRENNEREI

In Destillaten wird schwarzer Pfeffer eingesetzt, um mit dem typischen Pfefferaroma die Produkte abzurunden und zu komplementieren. In diversen Gins setzt man gerne auf Pfeffer und seine Geschmacksnuancen.

GRÜNER, WEISSER, ROTER PFEFFER

Grüner Pfeffer ist unreifer und sehr früh geernteter Pfeffer, der entweder in Salzwasser oder Essigwasser eingelegt wird. Dadurch stoppt die Oxidation und der Pfeffer bleibt grün. Der grüne Pfeffer ist milder als der schwarze Pfeffer.

Weißer Pfeffer ist nur der Kern des Pfeffers. Die Pfefferbeeren werden in Wasser eingeweicht, dadurch löst sich das Fruchtfleisch besser und der Steinkern kann vom Fruchtfleisch mechanisch entfernt werden. Der Steinkern wird anschließend getrocknet. Beim weißen Pfeffer handelt es sich also um geschälten Pfeffer. Er ist schärfer, da der Kern das Piperin enthält.

Roter Pfeffer ist vollreifer und ungeschälter Pfeffer. Dieser muss mühsam von den Bauern mit der Hand geerntet und verlesen werden, was ihn selten und damit auch teurer macht. Roter Pfeffer sollte nicht mit Rosabeeren, die man in manchen Pfeffermischungen findet, verwechselt werden. Bei Rosabeeren handelt es sich nicht um echten Pfeffer.

Zimt

Der Ceylon-Zimtbaum (*Cinnamomum verum*) gehört zur Familie der Lorbeergewächse. Der Baum kann bis zu 18 m hoch werden. Die Borke (Außenrinde) des Baumes ist braun bis gräulich. Die Innenrinde, der sogenannte Bast, riecht aufgrund des enthaltenden Zimtaldehyds nach Zimt. Verwendet wird vom Zimtrindenbaum nur die Innenrinde, die nach der Ernte getrocknet wird. Dadurch rollen sich die Seitenränder der Rindenstücke an zwei Seiten ein und erhalten die typische Form, bekannt als Zimtstangen.

CASSIA- UND CEYLON-ZIMT

Prinzipiell unterscheidet man Cassia- und Ceylon-Zimt, die schon mit bloßem Auge recht gut voneinander zu unterscheiden sind. So besteht der Cassia-Zimt aus einer dicken Lage (einfach gerollte Zimtstange) und der Ceylon-Zimt besteht aus mehreren dünnen Schichten Ceylon-Zimt-Rinde. Oft wird der Ceylon-Zimt bevorzugt, da der Cassia-Zimt einen höheren Cumaringehalt aufweist. Cumarin ist ein sekundärer Pflanzenstoff, der, wenn man ihn in größeren Mengen einnimmt, gesundheitsschädlich sein kann.

Die Ceylon-Zimt-Rinde kommt ursprünglich von der Inselnation Sri Lanka, südlich von Indien im Indischen Ozean. Sri Lanka, ehemals bekannt als Ceylon, wurde am 22.05.1972 durch das Inkrafttreten der neuen Verfassung umbenannt. Daher ist der Namensgeber des Ceylon-Zimts noch der alte Name der Inselnation.

INHALTSSTOFFE

Die Ceylon-Zimt-Rinde enthält 0,5–4 % ätherisches Öl, das aus circa 75 % Zimtaldehyd und 5 % Eugenol besteht. In der Traditionellen Chinesischen Medizin wird Zimt als blutdrucksenkend, verdauungsfördernd, krampflösend, pilzhemmend sowie antibakteriell und wundheilungsfördernd beschrieben.

VERWENDUNG IN DER BRENNEREI

Zimt ist aus der Lebensmittelindustrie nicht wegzudenken, sei es im Weihnachtsgebäck, in Plätzchen, Zimtsternen, im Apfelstrudel, in vielen anderen Backwaren sowie in Schokolade. Nicht nur in der Back- und Süßwarenindustrie ist Zimt sehr begehrt, sondern er wird auch in diversen Spirituosen und Likören eingesetzt. Dabei werden oft Zimtauszüge und Extrakte hergestellt. Aber auch in der Herstellung von Destillaten findet Zimt Verwendung. In vielen Gins gehört Ceylon-Zimt zum festen Bestandteil der Rezeptur – nicht nur bei winterlichen Gins.

Ingwer

Ingwer (*Zingiber officinale*) gehört zur Familie der Ingwergewächse. Beim Ingwer wird hauptsächlich das Rhizom verwendet. Das ist der horizontal, unter der Erde (manchmal auch knapp darüber) wachsende Spross, der umgangssprachlich auch als Ingwerknolle bezeichnet wird. Ingwer weist einen typisch aromatischen Duft auf und ist im Geschmack scharf, brennend bis leicht würzig.

INHALTSSTOFFE

Neben dem bekanntesten Inhaltsstoff, dem Gingerol, das dem Ingwer die Schärfe verleiht, enthält er eine Vielzahl an wertvollen Inhaltsstoffen. Dazu gehören ätherische Öle, Vitamin C, Magnesium, Eisen, Calcium, Kalium, Natrium und Phosphor, aber auch Shogaol und Zingeron, die neben Gingerol ebenfalls für die Schärfe und das typische Aroma des Ingwers verantwortlich sind.

Ingwer hat einen positiven Effekt auf die Magensaft- und Speichelbildung und unterstützt die Darmfunktion. Der Spross wird sehr häufig in der Traditionellen Chinesischen Medizin sowie in der indischen Ayurveda-Medizin verwendet. Die „Wunderknolle" ist entzündungshemmend, antioxidativ und kann bei Reiseübelkeit oder Erkältungen Linderung verschaffen. Ingwer war im Jahre 2018 die Heilpflanze des Jahres.

VERWENDUNG IN DER BRENNEREI

Ingwer ist eine beliebte Zutat im Gin. Mit dem typischen Ingweraroma kann der Brenner eine Frische und leichte Würzigkeit in Gin-Destillaten erzeugen. In der Nase verleiht die Zugabe von Ingwer der Rezeptur das gewisse Etwas. Aus Ingwer werden zudem Extrakte und Auszüge hergestellt, die in Kräuterlikören, Halb und Halb, Boonekamp, Alpenkräuter, diversen anderen Spirituosen und Ingwerlikören Verwendung finden. Das Rhizom wird aber auch in Erfrischungsgetränken eingesetzt wie beispielsweise Ginger Beer oder Ginger Ale.

JUNG ODER TROCKEN

Im Lebensmitteleinzelhandel vor Ort wird man wahrscheinlich nur den „trockenen" Ingwer finden. Er ist schon leicht verholzt und gelangt per Schiff über mehrere Wochen zu uns. Als junger Ingwer bezeichnet man Ingwer, der per Luftfracht eingeflogen wird. Er ist noch nicht so verholzt und es tritt noch deutlich mehr Saft aus dem Rhizom aus als bei der „trockenen" Variante. Junger Ingwer, sofern erhältlich, wird häufig bevorzugt verwendet.

Chinarinde

Chinarinde ist die Rinde des Chinarindenbaums (*Cinchona*) und gehört zur Familie der Rötegewächse. Der Chinarindenbaum ist in Südamerika weit verbreitet und wird auch für die Gewinnung von Chinin gezielt angebaut. Fälschlicherweise wird oft angenommen, der Baum stamme aus China, jedoch ist die deutsche Namensgebung auf die in Teilen Südamerikas gesprochene Sprache Ketschua zurückzuführen. Kina-Kina, was so viel wie „Rinde der Rinden" bedeutet, wird wohl der Grund dafür sein.

INHALTSSTOFFE

Die Chinarinde enthält das Alkaloid Chinin, das aus der Rinde gewonnen werden kann. Chinin ist eine wichtige Zutat in der Herstellung von Tonic Water, ein Erfrischungsgetränk, das zu den Bitterlimonaden zählt. Die Höchstgehalte von Chinin sind in der Verordnung (EG) Nr. 1334/2008 reglementiert:

- In Spirituosen beträgt die Höchstmenge 250 mg Chinin/kg.

Lebensmittel, die Chinin oder seine Salze enthalten, müssen mit „chininhaltig" gekennzeichnet werden.

Bereits seit dem 17. Jahrhundert wurden Drogenauszüge von Chinarinde, die Chinin enthalten, gegen Malaria eingesetzt. Es wird vermutet, dass Chinin bei ungeschlechtlichen Formen des Malariaerregers die Replikation und Transkription der Malaria-DNA stört.

Chinin wirkt schmerzstillend, fiebersenkend und örtlich betäubend. Als Muskelrelaxans wird Chinin in der Therapie gegen Krämpfe eingesetzt. Aufgrund der wehenfördernden Wirkung sollten Schwangere kein Chinin oder Produkte daraus konsumieren.

NEBENWIRKUNGEN VON CHININ

Es gibt Menschen, die an einer Chininüberempfindlichkeit und unter einer Vielzahl von Nebenwirkungen leiden. Als tödliche orale Chinindosis gelten für Erwachsene 5–10 g, wobei jedoch für herzkranke Erwachsene eine Aufnahme von 2 g Chinin bereits lebensbedrohlich ist. Die Grenzwerte von chininhaltigen Produkten bewegen sich im Milligrammbereich. Es müssten schon beträchtliche Mengen konsumiert werden, um diese Konzentrationen zu erreichen.

Lavendel

Echter Lavendel (*Lavandula angustifolia*) gehört zur Familie der Lippenblütler. Der Gattungsname *Lavandula* kommt vom lateinischen Wort „lavare", was waschen bedeutet. Als es noch keine Seife gab, wurde Lavendel ins Wasch- oder Badewasser gegeben. Schon die Römer nutzten Lavendel als Badezusatz.

Lavendel ist ein Halbstrauch, der bis zu 1 m hoch wachsen kann. Er besteht aus den Blättern und den lavendelblauen Blüten, die sich ährenförmig an den Blütenständen befinden. Ursprünglich kommt der Lavendel aus der Küstenregion des Mittelmeergebiets. Vor allem Frankreich ist mit seinen Lavendelfeldern in der Provence Sinnbild für den Lavendelanbau. Dort ist es trocken und warm – dies sind gute Voraussetzungen für den Anbau von Lavendel. Die Pflanze ist recht anspruchslos und wächst auf durchlässigen und trockenen Böden, die kalkhaltig, aber nicht zu reich an Nährstoffen sind.

INHALTSSTOFFE

Verwendet werden die Blüten des Lavendels. Sie verströmen den typischen floralen Lavendelduft und sind im Geschmack bitter bis würzig. Die Lavendelblüte enthält 1–3 % ätherisches Öl, das aus Linalylacetat und Linalool besteht. Um das Lavendelöl zu gewinnen, werden die Lavendelblüten samt Stängel im Wasserdampfdestillationsverfahren destilliert. Anders als bei der Destillation mit Alkohol ist das Öl in der wässrigen Phase nicht löslich. So kommt es im Produkt der Wasserdampfdestillation zu einer Phasentrennung von Wasser und Öl. Das so gewonnene Lavendelöl kann für die Parfümherstellung, in der Pharmazie oder der Aromatherapie eingesetzt werden.

VERWENDUNG IN DER BRENNEREI

Lavendel ist eine sehr begehrte Zutat in Destillerien, die sehr florale und duftende Spirituosen herstellen möchten. Sei es nun in einem Blütenlikör, im Kräuterlikör mit intensiven floralen Noten, als reines Lavendeldestillat oder als Botanical im Gin. Lavendel sollte jedoch wohldosiert werden. Übertreibt es der Destillateur mit der Zugabe von Lavendel, wirkt das Destillat oft künstlich bis seifig. Möchte der Brenner viel mit Lavendel arbeiten, empfiehlt es sich, das Brenngerät mit einem Geistkorb auszustatten (Seite 85).

Wermut

Wermut (*Artemisia absinthium*) ist eine der bekanntesten und relevantesten Drogen in der Spirituosenherstellung. Die Pflanze ist für die Spirituosenproduktion äußerst interessant und kann vielseitig verwendet werden. Wird das Wermutkraut mazeriert, so schmeckt das grünliche bis braune Mazerat stark bitter. Wird jedoch das Mazerat destilliert, ist das Destillat im Vergleich zum Mazerat viel eleganter, feinwürzig, fast etwas grasig. Die starke Bitterkeit des Mazerats geht bei der Destillation also nicht in das Destillat über. Daher ist es beim Wermut essenziell, welche Herstellungsart gewählt wird. Soll das Produkt eine bittere Ausprägung aufweisen, so ist ein Mazerat zu empfehlen. Wird ein filigranwürziges Produkt angestrebt, so ist die Destillation das richtige Verfahren.

INHALTSSTOFFE

Das Wermutkraut enthält 0,2–1,2 % ätherisches Öl, dessen Hauptbestandteile α- und β-Thujone sind. Neben den Thujonen enthält der Wermut auch Absinthin. Das ist ein Bitterstoff, der zu einem Großteil den Geschmack des Wermuts prägt.

Thujone sind Nervengifte, die in höherer Dosierung Verwirrtheit und epileptische Krämpfe hervorrufen können. Auch andere Symptome, wie zum Beispiel Schwindel, Halluzinationen und Wahnvorstellungen, sind nach dem Verzehr von thujonhaltigen Alkoholika in der Vergangenheit beobachtet worden. Der heutzutage zulässige Thujongehalt von Bitterspirituosen, die mehr als 25 % vol Alkohol enthalten, liegt bei 35 mg/kg. Das sind die Produkte, die den höchsten zugelassenen Thujongehalt aufweisen. Denn je nach Produkt und Alkoholgehalt variieren die zulässigen Thujonhöchstgehalte. Interessanterweise ergab die Analyse historischer Absinthe keine höheren Gehalte an Thujon als die heutigen zulässigen Grenzwerte. Es wird vermutet, dass manche der damals beobachteten Symptome wohl eher dem Ethanol zuzuschreiben waren.

VERWENDUNG IN DER BRENNEREI

Der Absinth ist wohl die bekannteste Spirituose, die aus Wermut hergestellt wird – auf Basis von Ethylalkohol landwirtschaftlichen Ursprungs mit Wermut sowie Anis, Sternanis und Fenchel. Gang und gäbe ist es, abschließend noch chlorophyllhaltige Kräuter zu mazerieren, um dem Absinth eine leichte grüne Färbung zu verleihen.

Kümmel

Kümmel (*Carum carvi*) gehört zur Familie der Doldenblütler und ist eine zweijährige Pflanze, die bis zu 1 m hoch wird. Die dunkelbraunen Spaltfrüchte sind 3–7 mm lang und 1,5–2 mm breit und zerfallen bei der Ernte in die Teil- beziehungsweise Einzelfrüchte. Das typische Kümmelaroma ist nach dem Trocknen klar erkennbar. Kümmel von hoher Qualität erkennt man an seinem ausgeprägten Aroma sowie einer einheitlichen Größe der Teilfrüchte.

Die Früchte des Kümmels haben einen unverwechselbaren, kräftigen Geruch und Geschmack. Letzterer ist sensorisch nicht mit Kreuzkümmel vergleichbar. Kümmel und Kreuzkümmel haben zwar einen ähnlichen Namen, gehören aber verschiedenen Pflanzengattungen an.

INHALTSSTOFFE

Die Frucht des Kümmels enthält 3–8 % ätherisches Öl, das zu circa 80 % aus d-Carvon besteht. Ebenso beinhaltet die Teilfrucht Gerbstoffe, Öl, Eiweiß, Zucker und Tannin.

VERWENDUNG IN DER BRENNEREI

Kümmel ist in einer Vielzahl von Spirituosen enthalten. Typische Vertreter sind: Aquavit, Allasch, Gewürzliköre und der „Kümmel“ selbst. Das ist eine Spirituose, bei der der Kümmelgeschmack vorherrschend bleiben muss und die durch die Aromatisierung von Neutralalkohol gewonnen wird. Der Mindestalkoholgehalt des Kümmels beträgt 30 % vol.

Neben dem klassischen Kümmel und Kümmellikören gibt es noch den fast in Vergessenheit geratenen Allasch. Allasch war früher eine Herkunftsbezeichnung, die auf die baltische Heimat der Spirituose verweist, und wurde später zur Gattungsbezeichnung. Allasch ist ein Kümmellikör, der mit Kümmeldestillat hergestellt wird und einen Alkoholgehalt von bis zu 40 % vol aufweist. Dieser Likör enthält neben dem etwas höheren Alkoholgehalt auch eine beträchtliche Menge Zucker.

Eine weitere Spezialität aus Kümmel ist der Aquavit. Das ist eine mit Kümmel oder Dillsamen oder beidem hergestellte Spirituose, die durch die Aromatisierung von Neutralalkohol mit einem Kräuter- oder Gewürzdestillat produziert wird. Der Hauptteil des Aromas muss aus der Destillation von Kümmel- und/oder Dillsamen stammen. Der Mindestalkoholgehalt von Aquavit beträgt 37,5 % vol und der Geschmack von Bitterstoffen darf nicht vorherrschend sein.

Enzianwurzel

Die Enzianwurzel (Radix Gentianae rubrae) ist die Wurzel von Enziangewächsen aus der gleichnamigen Familie. Meist wird die Wurzel des Gelben Enzians (*Gentiana lutea*) verwendet. Die Enzianwurzel ist eine sehr langsam wachsende braune bis rotbraune Wurzel. Sie kann bis zu 60 Jahre alt und mehr als armdick werden. Die Wildsammlung von Gelbem Enzian ist streng reglementiert und es bedarf sogenannter Grabrechte. Der meiste Enzian stammt daher aus dem gewerblichen Anbau.

INHALTSSTOFFE

Die Wurzel des Enzians ist extrem bitter, was sie in der Herstellung von Bitterspirituosen so beliebt macht. Die Wurzel enthält die Glykoside Gentiopicrin und Amarogentin. Amarogentin ist die derzeit bitterste bekannte, in der Natur vorkommende Substanz. Neben Glykosiden enthält die Enzianwurzel auch viele Alkaloide wie Gentianin, Gentianidin, Gentisin und Gentialutin sowie Gerbstoffe, diverse Zucker und einen geringen Anteil an ätherischem Öl.

VERWENDUNG IN DER BRENNEREI

Die bekannteste Spirituose, die aus Enzianwurzel hergestellt wird, heißt so wie ihre wichtigste geschmackgebende Zutat: Enzian. Das ist eine Spirituose, die aus dem Destillat von vergorenen Enzianwurzeln mit oder ohne Zusatz von Ethylalkohol landwirtschaftlichen Ursprungs hergestellt wird und nicht aromatisiert werden darf. Der Mindestalkoholgehalt des Enzians muss 37,5 % vol betragen.

Bei der Herstellung des Enzians wird die Wurzel, die das Trisaccharid Gentianose (bestehend aus zweimal Glucose und einmal Fructose) enthält, vergoren. Hier ist es wichtig zu wissen, dass Gentianose unvergärbar ist. Die Hefe bildet jedoch zwei Enzyme, die Fructosidase und die β-Glucosidase, die die Gentianose in vergärbare Zucker spalten. Diese werden dann simultan vergoren.

Anschließend wird die vergorene Enzianwurzel destilliert. Dies kann je nach gewähltem Destillationsverfahren auch zweimal der Fall sein. Das sehr intensive Enziandestillat kann dann mit Wasser auf Trinkstärke eingestellt werden oder mit Ethylalkohol landwirtschaftlichen Ursprungs und Wasser ausgemischt werden. Als dritte Variante ist es auch denkbar, den Enzianrohbrand mit Ethylalkohol landwirtschaftlichen Ursprungs zu versetzen und anschließend einen Feinbrand durchzuführen.

Himbeere

Die Himbeere (*Rubus idaeus*) gehört zur Familie der Rosengewächse. Mit seinen typischen Ausläufern kann der Scheinstrauch bis zu 2 m hoch werden. Die Früchte sind meist rot, gelegentlich auch schwarz, gelb, orange, bernsteinfarben oder sogar weiß. Der Saft der roten Himbeere ist intensiv rot und geruchlich sowie geschmacklich sehr himbeeraromatisch.

Man unterteilt die Himbeeren in Sommer- und Herbsthimbeeren. Die Sommerhimbeeren wachsen an einer Fruchtrute, die nur einmal Früchte trägt. Im darauffolgenden Sommer wachsen die Früchte an den Fruchtruten, die nachgewachsen sind. Die Herbsthimbeeren sind zwar später reif, ihre Fruchtruten können aber mehrmals Früchte tragen.

INHALTSSTOFFE

Neben ihrem typischen Fruchtaroma zeichnet sich die Himbeere durch viele Vitamine und Mineralstoffe aus. Der Vitamin-C-Gehalt ist beträchtlich, ebenso enthält sie Zitronen- und Äpfelsäure.

VERWENDUNG IN DER BRENNEREI

Aus Sicht des Brenners enthält die Himbeere zu wenig Zucker, was sie als Rohstoff für einen Himbeerbrand aus Kostengründen eher unattraktiv macht. Himbeerbrände sind eine Rarität, wenn auch sehr fruchtintensiv. Wegen der geringen Ausbeute des Brandes stellen viele Brenner und Destillateure einen klassischen Himbeergeist oder einen durch Mazeration und Destillation gewonnenen Himbeerbrand her.

Der Himbeergeist ist einer der bekanntesten Vertreter unter den Obstgeisten. Obstgeiste werden leider oft als minderwertiger als ein Brand angesehen, da hier die Himbeeren nicht vergoren, sondern im Neutralalkohol angesetzt werden. Jede Spirituosenkategorie muss jedoch für sich betrachten werden. Es macht wenig Sinn, unterschiedliche Spirituosenkategorien qualitativ miteinander zu vergleichen, da jede Produktkategorie für sich steht. Es gibt sowohl gute als auch schlechte Obstbrandqualitäten. Ebenso verhält es sich bei Obst- und Kräutergeisten.

Ein guter Himbeergeist aus hochwertiger Rohware wird mehr überzeugen als ein schlechter Himbeerbrand. Das Aroma von Himbeerbränden ist häufig so intensiv, dass Konsumenten eine Aromatisierung vermuten. Möchte der Brenner viele Himbeeren für sein Destillat verwenden, so empfiehlt es sich, einen Himbeerbrand, der durch Mazeration und Destillation gewonnen wurde, herzustellen (Seite 21–23).

Vogelbeere

Die Vogelbeere oder Eberesche (*Sorbus aucuparia*) ist eine Pflanze aus der Gattung der Mehlbeeren in der Familie der Rosengewächse. An den Beeren, die wie kleine Äpfel aussehen, erkennt man, dass der Vogelbeerbaum zu den Kernobstgewächsen zählt. Den Namen trägt er übrigens, weil Vögel gerne eben diese Beeren fressen. Der Baum ist sehr widerstandsfähig und pflegeleicht. An den Boden hat der Vogelbeerbaum keine großen Ansprüche, er wächst sowohl auf mageren als auch auf nährstoffreichen Böden. Ein früher verbreiteter Aberglaube ist, dass der Vogelbeerbaum vor Hexerei schütze. Daher wurden auch Kreuze aus dem Holz gefertigt – als eine Art Schutzzauber vor bösen Geistern. Schon die Kelten haben aus eben diesem Grund Zweige des Vogelbeerbaums über ihre Türen gehängt.

Die orangeroten bis roten Vogelbeeren schmecken sauer und bitter. Dies ist vermutlich der Grund für den Irrglauben, dass Vogelbeeren giftig seien. Dies ist bei den in Deutschland wachsenden, uns bekannten Vogelbeeren nicht der Fall. Unverarbeitete Vogelbeeren werden allerdings als ungenießbar beschrieben, sie eignen sich aber hervorragend zur Herstellung von Konfitüren und natürlich für den aromaintensiven, an Marzipan erinnernden Vogelbeergeist.

INHALTSSTOFFE

Zu den Inhaltsstoffen der Vogelbeeren zählen unter anderem Vitamin C, Vitamin A, Sorbit, Gerbstoffe, diverse Säuren und Spuren der Parasorbinsäure. Bei Temperaturen von unter −3 °C verlieren die Früchte des Vogelbeerbaums ihren typischen bitteren Geschmack und weisen dann ein leicht süßliches, aber dennoch herbes Aroma auf. Gekocht können die Vogelbeeren verzehrt werden, da sich beim Erhitzen die Parasorbinsäure in die gut verträgliche Sorbinsäure umwandelt.

VERWENDUNG IN DER BRENNEREI

Parasorbinsäure kann beim Verzehr großer Mengen der ungekochten Beeren zu Übelkeit oder Magenproblemen führen. Deshalb ist die warme Verarbeitung der Beeren empfehlenswert. Dies ist einer der Gründe, weshalb das Verarbeiten von Vogelbeeren in Konfitüren oder im Geist so beliebt ist. Der Vogelbeergeist ist eine Rarität unter den Geisten. Das feinfruchtige Aroma der Beere gepaart mit den oft sehr ausgeprägten Bittermandelnoten macht diesen Geist zu einer wahren Sensation.

GIN-KATEGORIEN

GIN IST *NICHT GLEICH GIN*

Die europäische Spirituosenverordnung EU 2019/787 unterscheidet in Anhang 1 drei verschiedene Gin-Kategorien. Auf den folgenden Seiten werden die Unterschiede sowie die Gesetzestexte der Spirituosenverordnung dargestellt. Alle drei Gin-Kategorien haben jedoch gemeinsam, dass sowohl bei Gin, Destilliertem Gin und auch bei London Gin der Geschmack nach Wacholder vorherrschend bleiben muss.

GIN

Auszug Spirituosenverordnung 2019/787 Anhang 1
20. Gin

a) Gin ist eine Spirituose mit Wacholder, die durch Aromatisieren von Ethylalkohol landwirtschaftlichen Ursprungs mit Wacholderbeeren (*Juniperus communis* L.) hergestellt wird.
b) Der Mindestalkoholgehalt von Gin beträgt 37,5 % vol.
c) Bei der Herstellung von Gin dürfen nur Aromastoffe oder Aromaextrakte oder beides verwendet werden, wobei der Geschmack nach Wacholder vorherrschend bleiben muss.
d) Die Bezeichnung „Gin“ darf durch den Begriff „dry“ ergänzt werden, wenn der Gehalt der Spirituose an zugesetzten süßenden Erzeugnissen nicht mehr als 0,1 g süßenden Erzeugnissen je Liter des Fertigerzeugnisses, ausgedrückt als Invertzucker, beträgt.

Gin ist die am einfachsten herzustellende Variante der drei möglichen Gin-Kategorien, da nicht wie bei einem Destillierten oder einem London Gin eine Destillation für den Herstellungsprozess erfolgt sein muss (ausgenommen der Herstellung des Primasprits). Bei der Herstellung aller drei Gin-Kategorien ist darauf zu achten, dass Wacholderbeeren von dem Wacholderstrauch *Juniperus communis* L. verwendet werden. Der Gesetzgeber gibt in der EU-Verordnung auch die botanischen Namen der zugelassenen Rohstoffe an (Seite 21/22).

DESTILLIERTER GIN

Auszug Spirituosenverordnung 2019/787 Anhang 1

21. Destillierter Gin

a) Destillierter Gin ist eine der folgenden Spirituosen:
   i) eine Spirituose mit Wacholder, die ausschließlich durch Destillation von Ethylalkohol landwirtschaftlichen Ursprungs mit einem ursprünglichen Alkoholgehalt von mindestens 96 % vol unter Zusetzen von Wacholderbeeren (*Juniperus communis* L.) und anderen natürlichen pflanzlichen Stoffen hergestellt wird, wobei der Wacholdergeschmack vorherrschend bleiben muss;
   ii) eine Kombination aus dem so gewonnenen Destillat und Ethylalkohol landwirtschaftlichen Ursprungs der gleichen Zusammensetzung und Reinheit und mit gleichem Alkoholgehalt; zur Aromatisierung von destilliertem Gin dürfen auch Aromastoffe oder Aromaextrakte oder beide gemäß Kategorie 20 Buchstabe c verwendet werden.

b) Der Mindestalkoholgehalt von destilliertem Gin beträgt 37,5 % vol.
c) Gin, der durch einen einfachen Zusatz von Essenzen oder Aromen zu Ethylalkohol landwirtschaftlichen Ursprungs hergestellt wird, gilt nicht als destillierter Gin.
d) Die Bezeichnung „Destillierter Gin" darf durch den Begriff „dry" ergänzt werden oder diesen enthalten, wenn der Gehalt der Spirituose an zugesetzten süßenden Erzeugnissen nicht mehr als 0,1 g süßenden Erzeugnissen je Liter des Fertigerzeugnisses, ausgedrückt als Invertzucker, beträgt.

Im Herstellungsprozess eines destillierten Gins ist eine Destillation vorgeschrieben. Das „einfache" Zusetzen von Essenzen und Aromen in Neutralalkohol, wie es beim „normalen" Gin der Fall wäre, ist nicht zulässig.

Die gängigste Herstellungsweise eines destillierten Gins ist das Ansetzen von Wacholderbeeren und anderen Botanicals im Neutralalkohol mit anschließender Destillation. Die Mazerationszeit variiert je nach Rezeptur, von wenigen Stunden bis hin zu mehreren Tagen (Seite 88/89). Der Produzent hat die Möglichkeit, das so hergestellte Destillat mit Aromastoffen oder Aromaextrakten, die gemäß Kategorie 20 Buchstabe c zulässig sind, zu aromatisieren. Das ist allerdings nicht bei jedem destillierten Gin der Fall. Viele Hersteller von destillierten Gins verzichten auf die Zugabe von Aromastoffen oder Aromaextrakten.

LONDON DRY GIN

Auszug Spirituosenverordnung 2019/787
Anhang 1
22. London Gin

a) London Gin ist ein destillierter Gin, der folgende Anforderungen erfüllt:
   i) Er wird ausschließlich aus Ethylalkohol landwirtschaftlichen Ursprungs hergestellt und weist einen Methanolgehalt von höchstens 5 g/hl r. A. auf; sein Aroma wird ausschließlich durch die Destillation von Ethylalkohol unter Zusatz aller verwendeten natürlichen pflanzlichen Stoffe erzeugt;
   ii) der Mindestalkoholgehalt des hieraus gewonnenen Destillats beträgt 70 % vol;
   iii) jeder weitere zugesetzte Ethylalkohol landwirtschaftlichen Ursprungs muss den in Artikel 5 aufgeführten Anforderungen entsprechen, allerdings einen Methanolgehalt von höchstens 5 g/hl r. A. aufweisen;
   iv) er ist nicht gefärbt;
   v) er darf nicht mit mehr als 0,1 g süßenden Erzeugnissen je Liter des Fertigerzeugnisses, ausgedrückt als Invertzucker, gesüßt werden;
   vi) er enthält keine anderen Zutaten als die Zutaten gemäß den Ziffern i, iii und v sowie Wasser.

b) Der Mindestalkoholgehalt von London Gin beträgt 37,5 % vol.
c) Die Bezeichnung „London Gin“ darf durch den Begriff „dry“ ergänzt werden oder ihn enthalten.

London Gin ist die absolute Premiumklasse unter den Gins und die von vielen „Gin-Nerds“ favorisierte Kategorie. Von vielen „Gin-Einsteigern“ wird diese Gin-Kategorie missverstanden, was an der Kategorienbezeichnung selbst liegt: Fälschlicherweise wird aus dem Namen abgeleitet, dass die britische Hauptstadt London der Herstellungsort sei, was aber nicht so ist. Beim London Gin handelt es sich nicht um eine geschützte geografische Angabe wie beispielsweise beim Schwarzwälder Kirschwasser, sondern um eine eigene Spirituosen-Kategorie, die den in der Spirituosenverordnung definierten Anforderungen entsprechen muss.

Bei der Kategorie des London Gins dürfen dem Ethylalkohol landwirtschaftlichen Ursprungs nur Botanicals zugesetzt und anschließend muss destilliert werden, der Zusatz von Aromen und Zucker (nicht mehr als 0,1 g/l) ist untersagt. Ein London Gin beziehungsweise London Dry Gin ist also immer ein Gin, dem keine Aromen oder Zucker (siehe Kasten unten) zugegeben wurden. Der London Dry Gin ist unter allen in der EU-Verordnung genannten Spirituosen-Kategorien diejenige, die am wenigsten Methanol enthalten darf, sogar noch weniger als Wodka. Der Höchstgehalt an Methanol liegt bei 5 g/hl r. A.

DRY

Die Angabe „dry“ zusätzlich zur Gin-Kategorie beschreibt, dass der Gin nicht mehr als 0,1 g süßende Erzeugnisse pro Liter enthalten darf. Dies ist für Gin-Fans ein wichtiger Hinweis. Lediglich der London Gin kann immer die Bezeichnung dry tragen, da er sowieso keine süßenden Erzeugnisse von mehr als 0,1 g/l enthalten darf.

Flasche eines London Dry Gins der Premiumklasse (www.schwarz-gebrannt.de).

GIN-*STILE*

Die EU-Spirituosenverordnung kennt nur Gin, Destillierten Gin und London Gin. Dazu haben sich mittlerweile viele neue und auch alte, wiederbelebte Gin-Stile gesellt, die alle nicht gesetzlich geregelt sind. Die Vielfalt der Gin-Stile hat sicherlich auch mit der neuen Vielfalt an Gin-Produzenten zu tun. Sie müssen sich voneinander unterscheiden, um eine Daseinsberechtigung zu haben.

Die Stile, die Kategorien, sind dann für die Unternehmen eine gute Möglichkeit, sich auf echte oder erfundene Traditionen zu berufen, sie sind willkommene Anknüpfungspunkte fürs Storytelling. Dem Verbraucher nutzen die Kategorien, weil sie ihm Orientierung im unübersichtlich gewordenen „Gin-Dschungel“ versprechen. Die Vermehrung der Gin-Stile ist, um es kurz zu machen, also in erster Linie marketinggetrieben.

CONTEMPORARY GIN/NEW WESTERN GIN

Zwei Namen für einen Stil. In Amerika ist er eher unter dem Begriff New Western Style Gin bekannt, während er in Europa unter Contemporary Gin firmiert. Was verbirgt sich dahinter? Ganz einfach, hier erscheint der Wacholder eingebettet in andere Aromen, die ihn unter Umständen, auch wenn es eigentlich nicht gestattet ist, überlagern. Häufig, doch nicht immer, sind es Zitrusnoten, die dem Wacholder den Rang streitig machen. Diese Stilrichtung ist die vielleicht wichtigste unter den neuen Trends. Bekannte Beispiele sind der Hendrick’s Gin, außerdem noch Bluecoat American Dry Gin sowie der Aviation Gin.

OLD TOM GIN

Der Old Tom Gin trägt seinen Namen zu Recht. Anders als der New Western Style hat er nämlich Tradition. Der Begriff geht auf das englische Wort „tom cat“ für Kater zurück. Der Kater hat nichts mit einer alkoholbedingten Unpässlichkeit zu tun, zumindest vordergründig. Der Name hat seinen Ursprung in der Zeit der Gin-Epidemie. Um ihr Herr zu werden, war Gin zeitweise verboten und Verbote machen bekanntlich erfinderisch. Es wird zum einen erzählt, dass Pubs, in denen heimlich Gin ausgeschenkt wurde, eine schwarze Katze als Aushängeschild wählten. In einer anderen Version wurde aus einer hohlen Katzenstatuette Gin ausgeschenkt, nachdem man ihr das Geld ins Maul gelegt hatte. Egal ob Schild oder Statuette, die Katze, die den Weg zum Gin wies, wurde „Old Tom Cat“ genannt. Um die häufig schlechte Qualität des heimlich gebrannten Gins zu kaschieren, wurde er leicht gesüßt. Wer also heute einen Old Tom Gin bestellt, erhält eine gesüßte Spirituose und keinen Dry Gin. Ein Likör ist es aber noch lange nicht. Die Süßung ist meist nur angedeutet.

PLYMOUTH GIN/NAVY PROOF

Einen Plymouth Gin in Verkehr zu bringen, war bis 2015 für einen Branchenneuling schwerer, als einen London Gin herzustellen. Denn im Gegensatz zum London Gin handelte es sich hierbei um eine echte geografische Herkunftsbezeichnung. Plymouth Gin durfte nur aus Plymouth kommen. Der Besitzer der Destillierie, der Konzern Pernod-Ricard, ließ diesen Schutz allerdings auslaufen. Trotzdem gibt es bis heute nur eine Brennerei, die diesen Stil umsetzt. Die Plymouth Gin Distillery, nach den ehemals im Gebäude lebenden Dominikaner-Mönchen auch Black Friars Distillery genannt. Plymouth Gin ist leicht gesüßt, weniger noch als Old Tom Gin, doch wahrnehmbar.

Einst war die Hafenstadt Plymouth das Tor zum britischen Empire und die Marineschiffe hatten auch immer Gin an Bord, der Teil der Heuer für die Matrosen und Offiziere war. Die Alkoholgrädigkeit wurde von dem Offizier, der die Ware einkaufte, derart geprüft, dass er die Spirituose mit Schießpulver mischte und anzündete. Das funktionierte nur bei mindestens 57 % vol. Versagte das Experiment, wurde der Gin oder Rum abgelehnt. Wer also einen Navy Proof oder Navy Strength kauft, erwirbt eine hochprozentige Spirituose und kann obendrein noch eine schöne Geschichte dazu erzählen …

FLAVOURED GIN

Gin, dem nach der Destillation Essenzen hinzugefügt werden? Das, was der Hendrick's Gin mit Gurken- und Rosenaromen vorgemacht hat, hat es tatsächlich auch schon vorher gegeben – in der Hochzeit des Gins, bevor sich der London Dry Gin durchsetzte. Der Grund ist der gleiche wie heute: Mit einem anderen Geschmack kann man sich von der Konkurrenz absetzen. Wenn dann durch die Essenzen auch noch ein Farbton, zum Beispiel rosa oder blau, hinzukommt, ist der Unterschied nicht nur zu schmecken, sondern auch gleich zu sehen. Und dann gibt es auch noch solche Gins, die nach Zugabe des Tonic Waters ihre Farbe ändern. Das liegt an der Zugabe von Blütenextrakten der „Hülsenfrüchtlerin" *Clitoria ternatea*. Sie färbt den Gin blau. Das hinzugefügte Tonic Water senkt den pH-Wert, der Gin-Tonic wird violett. Ein Gin mit Boah- und Aha-Effekt sozusagen. Ein Beispiel ist der Schwangau Royal Gin, an dessen Herstellungsort, der Brennerei Schroll, viele der hier in diesem Buch gezeigten Bilder aufgenommen worden sind.

COMPOUND GIN/BATHTUB-GIN

Compound Gin oder Bathtub-Gin ist weniger ein Stil als eine Herstellungsweise. Beide Namen beschreiben sie. Zusammengesetzter Gin meint, dass die gewünschten Botanicals in Alkohol mazeriert und dann abgeseiht werden, fertig ist der Compound Gin. Bathtub heißt er deshalb, weil das Ansetzen und Mischen vor allem im Amerika der Prohibitionszeit in einer Badewanne vorgenommen wurde. Es fehlt also der Destillationsvorgang – zumindest meistens. Es gibt auch destillierte Gins, die durch eine nachträgliche Infusion von Essenzen zu einem Compound Gin werden.

SLOE GIN

Sloe Gin führt im Namen den Gin, ist aber keiner. Er ist ein Schlehenlikör. Allerdings ebenfalls durch die EU-Spirituosenverordnung geschützt, konsequenterweise aber auch dort nicht unter den Gins zu finden, sondern bei den Likören. Zu seiner Herstellung muss Gin verwendet werden. Bekannte Gin-Marken wie Gordon's oder Monkey 47 runden mit einem Sloe Gin ihr Portfolio ab. Die EU-Spirituosenverordnung definiert Sloe Gin als einen Likör, „der durch Mazeration von Schlehen in Gin, eventuell unter Zusatz von Schlehensaft, hergestellt wird". Sloe Gin darf nur mit natürlichen Aromastoffen und Aromaextrakten hergestellt werden und muss außerdem einen Mindestalkoholgehalt von 25 % vol aufweisen, während er bei den meisten anderen Likören bei 15 % vol liegt. Als Likör muss Sloe Gin einen Mindestzuckergehalt von 100 g pro Liter Fertigware aufweisen.

Ein Gin, der angesichts eines niedrigen pH-Wertes errötet: der Schwangau Royal Gin.

PHYSIK DES
BRENNENS

GRUNDLAGEN DER DESTILLATION

Was ist Ethanol? Wie funktioniert der Destillationsprozess? Welche Verfahren gibt es? Diese Fragen werden in diesem Kapitel beantwortet und Begriffe, die für das Verstehen der Destillation und Rektifikation wichtig sind, erläutert.

ETHANOL

Ethanol ist eine leicht bewegliche Flüssigkeit mit einem Siedepunkt von 78,3 °C. Es handelt sich um einen Alkohol, der mit einer blauen Flamme verbrennt. Alkohol-Luft-Gemische sind explosionsfähig. Deshalb ist in der Planung einer Brennerei der Explosionsschutz nicht zu vernachlässigen. Ethanol mit 95 % vol hat einen Flammpunkt von 16 °C. Der Flammpunkt ist die niedrigste Temperatur, bei der sich Dämpfe von brennbaren Flüssigkeiten entzünden lassen. Mit 0,7893 kg/dm³ ist die Dichte von Alkohol geringer als die Dichte von Wasser.

SIEDEPUNKT

Der Siedepunkt ist die Temperatur, bei der eine Flüssigkeit unter atmosphärischem Druck von 1,013 bar zu sieden beginnt. Am Siedepunkt ist der Dampfdruck der Flüssigkeit gleich dem äußeren Druck.

Wassermoleküle verfügen über sogenannte Wasserstoffbrückenbindungen. Diese Bindungen sorgen dafür, dass sich Wassermoleküle gegenseitig anziehen. Alkoholmoleküle hingegen ziehen sich nicht so stark an wie Wassermoleküle. Deshalb kommt es in der Dampfphase einer Alkoholwassermischung zur Anreicherung von Alkoholmolekülen. Wäre dies nicht so, dann wäre einer Anreicherung von Alkohol in der Dampfphase nicht möglich.

Der Dampfdruck von Flüssigkeiten ist abhängig von der Temperatur und verläuft bei Alkoholwassermischungen nicht linear. In einer Alkoholwassermischung hat Alkohol einen höheren Dampfdruck als Wasser.

Siedetemperaturen von Alkoholwassermischungen in Abhängigkeit vom Alkoholgehalt

Alkoholgehalt	Siedepunkt
0 %vol	100 °C
1 % vol	99 °C
3 % vol	97,3 °C
5 % vol	95,8 °C
10 % vol	92,6 °C
20 % vol	88,4 °C
40 % vol	84,1 °C
80 % vol	79,9 °C
100 % vol	78,3 °C

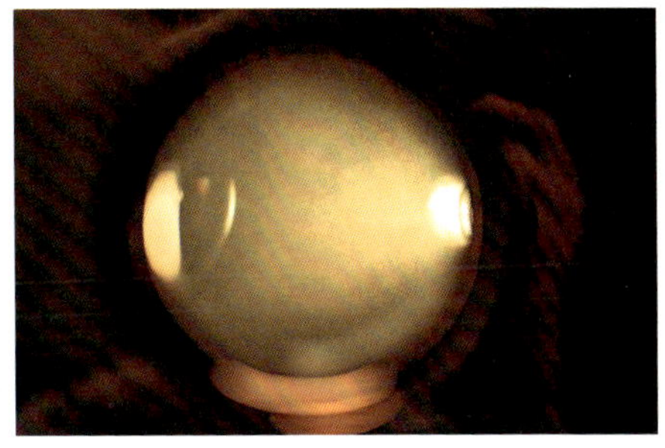

Aufsteigender Alkoholdampf

DESTILLATION

Hierbei handelt es sich um ein thermisches Trennverfahren. Aus einem Flüssigkeitsgemisch wird ein Teil verdampft und anschließend kondensiert. Die Trennung erfolgt allein aufgrund des Siedegleichgewichtes, nachdem der Dampf mehr leichter siedende Komponenten enthält als das Gemisch selbst.

REKTIFIKATION

Die Rektifikation, auch Gegenstromdestillation genannt, ist die Anreicherung der leichter siedenden Komponenten im Gemischdampf und der schwerer siedenden Komponenten in der Flüssigkeit durch einen Gegenstrom von Dampf und Kondensat in einer vertikalen Austauschsäule. Bei der Rektifikation wird die Dampfphase zusätzlich noch einem Wärme- und Stoffaustausch mit der entgegenströmenden „Rückflussflüssigkeit" unterworfen. Die durch den Stoffaustausch stark verbesserte Trennwirkung hat jedoch einen höheren Energiebedarf.

Geistgerät mit Helm

Verstärkerkolonne

DEPHLEGMATION

Dephlegmation ist die Verstärkung der leichter siedenden (schwerer kondensierbaren) Komponenten in der Dampfphase durch Teilkondensation des Dampfgemisches. Das führt zu einer Verstärkung des Alkohols.

VERSTÄRKERKOLONNE

Die wichtigsten Bauteile sind die Glocken- und oder Siebböden in der Rektifizierkolonne inklusive des Dephlegmators. Ohne „Kühler", in diesem Fall der Dephlegmator, kein Rückfluss.

VERSTÄRKUNG DES ALKOHOLS BEI ERNEUTER DESTILLATION

Der Siedepunkt von Ethanol liegt bei 78,3 °C, der von Wasser hingegen bei 100 °C. Wird Ethanol mit Wasser gemischt, liegt der Siedepunkt der Alkoholwassermischung zwischen 78,3 °C und 100 °C. Je höher der Wasseranteil, umso höher die Siedetemperatur. Steigt der Ethanolgehalt der Alkoholwassermischung, sinkt die Siedetemperatur in Richtung 78,3 °C.

Um das Prinzip der erneuten Destillation zu erläutern, gehen wir von einer Alkoholwassermischung mit 10 % vol Alkohol und einem Siedepunkt von 92,6 °C aus. Wird diese Mischung mit 10 % Alkohol destilliert, entsteht theoretisch ein Destillat mit 32,7 % vol (Tabelle Seite 77). Es tritt also durch die Destillation

Das Autoren-Team kontrolliert den Brennprozess.

eine Anreicherung, auch Verstärkung genannt, des Alkohols ein. Wassermoleküle haben aufgrund der Wasserstoffbrückenbindungen die Tendenz sich „festzuhalten", wodurch es in der Dampfphase zu einer Anreicherung von Ethanol kommt. Dadurch steigt der Alkoholgehalt in der Dampfphase an. Diese Anreicherung wird von Destillation zu Destillation geringer (Tabelle rechts).

Destillat rinnt aus der Vorlage des Brenngeräts.

Verstärkung von Alkohol bei erneuter Destillation

Ethanol-Konz. der Flüssigkeit	Ethanol-Konz. des Destillats	Verstärkungsfaktor
10 % vol	32,7 % vol	3,27
32,7 % vol	58,3 % vol	1,78
58,3 % vol	74,8 % vol	1,28
74,8 % vol	83,2 % vol	1,11
83,2 % vol	87,3 % vol	1,05

Mit jeder Destillation steigt die Alkoholkonzentration (% vol) im Destillat, der Verstärkungsfaktor jeder weiteren Destillation sinkt jedoch tendenziell (siehe Tabelle). Je früher die Destillation abgebrochen wird, desto höher ist die Alkoholkonzentration (% vol – Alkoholstärke) – wenn auch die Gesamtmenge an Alkohol geringer ist. Bei frühzeitigem Beenden des Brennvorgangs sinkt also die Gesamtalkoholausbeute.

AZETROP

Durch Destillation und Rektifikation lässt sich der Alkoholgehalt des Destillats nicht höher als 97,2 % vol anreichern. Ab diesem Punkt stellt sich ein azetropisches Verhalten zwischen Dampfphase und Flüssigkeitsphase ein. Ein Azetrop ist ein Gemisch, bei dem der Dampf die gleiche Zusammensetzung aufweist wie die Ausgangsflüssigkeit. Eine weitere Aufkonzentrierung ist ohne andere technische Verfahren nicht möglich. Ein Alkoholwassergemisch mit 97,2 % vol hat einen Siedepunkt von 78,15 °C, reiner Alkohol von 78,3 °C. Dies verhindert eine weitere Aufkonzentrierung des Alkohols.

VARIATION DER DESTILLATION

DESTILLATIONS*VERFAHREN*

In der Brennerei unterscheidet man grundsätzlich zwei Destillationsverfahren: das klassische Brennen „über Helm und Geistrohr“, wie man es vom Roh- und Feinbrandverfahren aus den schottischen Whisky-Destillerien kennt, und die Rektifikation, auch Gegenstromdestillation genannt, mit Destillierböden in einer Verstärkerkolonne.

VERGEISTEN ÜBER HELM

Bei den traditionellen Destilliergeräten zum Herstellen von Geist handelt es sich um einfach ausgestattete Brenngeräte, die aus einer Brennblase, eventuell versehen mit einem Rührwerk, einem Helm, dem Geistrohr und dem Kühler bestehen. Viele der heutigen Brenngeräte, die mit Helm und Kolonne ausgestattet sind, verfügen über einen Dreiwegehahn im Geistrohr. Mit diesem Dreiwegehahn ist es auch möglich, den Dampf, anstatt über die Kolonne,

Blick in die Brennblase

direkt vom Helm in den Kühler zu lenken. Ist das Brenngerät ohne Helm, also mit einer aufgesetzten Kolonne ausgestattet, dann kann der Brenner alle Böden öffnen, den Dephlegmator abschalten (Wasserablauf des Dephlegmators öffnen) und so ebenfalls „traditionell vergeisten". Vielerorts ist es gängige Praxis, Geiste so zu destillieren.

Bei diesem Destillationsverfahren ist es dem Brenner nicht möglich, die Trennwirkung zu erhöhen oder mit gezieltem Einstellen des Rückflusses in den Destillationsprozess einzugreifen, da die Verstärkerkolonne und der Dephlegmator umgangen werden. Der Brenner kann nur durch die Wärmezufuhr, heute zumeist indirekt über ein Wasserbad oder bei dampfbeheizten Brennereien durch die Dampfregulierung, die Destillation steuern.

Das Aufheizen der Brennblase sollte relativ langsam erfolgen, um eine bessere Trennung von gewünschten und unerwünschten Komponenten zu gewährleisten. Eine langsame Destillation ermöglicht eine bessere Fraktionierung in Vor-, Mittel- und Nachlauf. Die Alkoholkonzentration sowie die Alkoholausbeute von Geisten, die nur über den Helm destilliert (Rohbrand-Verfahren) wurden, ist geringer als von Geisten, bei denen eine Rektifizierkolonne genutzt wurde. Das liegt daran, dass es zu keinem Rückfluss während der Destillation durch einen Dephlegmator kommt. Ebenso ist die Trennung aufgrund fehlender Verstärkerböden weniger effektiv.

FRAKTIONIERUNG VON GEISTEN

Auch bei Geisten ist es sinnvoll, das Destillat in Vor-, Mittel- und Nachlauf zu fraktionieren. Da im Ansatz keine Gärung stattgefunden hat, ist der Anteil an Vorlauf und Nachlauf im Verhältnis zum Mittellauf (verglichen mit den Verhältnissen eines Brandes) deutlich geringer. Hier sind es vor allem unerwünschte Inhaltsstoffe, die durch die Rohstoffe in kleinen Mengen ins Mazerat gelangen und während der Destillation abgetrennt werden können.

Traditionelles Brenngerät

GEGENSTROMDESTILLATION MIT DESTILLIERBÖDEN

In Deutschland sind Destilliergeräte mit einer Verstärkerkolonne weit verbreitet. Diese Destilliergeräte sind in der Regel mit Brennblase inklusive Rührwerk, Verstärkerkolonne mit Verstärkerböden und Dephlegmator, Katalysator, Geistrohr und Kühler ausgestattet.

Hauptbauteil ist die Verstärkerkolonne, in der sich sogenannte Destillier-/Verstärkerböden befinden. Die gängigsten Verstärkerböden sind Glocken- oder Siebböden, oberhalb der Verstärkerböden ist der Dephlegmator. Dieser wird mit Wasser gespeist und kühlt innerhalb der Verstärkerkolonne den aufsteigenden Dampf. Leicht siedende Komponenten passieren dampfförmig den Dephlegmator und schwerer siedende unerwünschte Komponenten kondensieren am Dephlegmator und fließen über die Destillier-/Verstärkerböden zurück in die Brennblase. Durch das Kondensieren unerwünschter Inhaltsstoffe am Dephlegmator steigt der Alkoholgehalt in der Dampfphase, das Destillat an der Vorlage ist hochprozentiger.

Jeder eingeschaltete Boden sorgt für einen intensiveren Stoff- und Wärmeaustausch, da dieser die Grenzfläche von Flüssigkeit- und Dampfphase erhöht und somit zu einem effektiveren Trennprozess beiträgt. So ist es im Zusammenspiel von Verstärkerböden und Dephlegmator möglich, hohe Alkoholkonzentrationen im Destillat zu erhalten. Die Mittellaufausbeute ist größer und der Anteil an unerwünschten Inhaltsstoffen ist geringer.

Fotoaufnahme eines Glockenbodens

Unerwünschte Komponenten, die sensorisch negativ zu bewerten sind, können durch den Rückfluss innerhalb der Kolonne besser abgetrennt und in den Nachlauf „geschoben" werden. Die Destillation/Rektifikation ist ein Trennverfahren beziehungsweise ein Reinigungsprozess von erwünschten und unerwünschten Aromakomponenten.

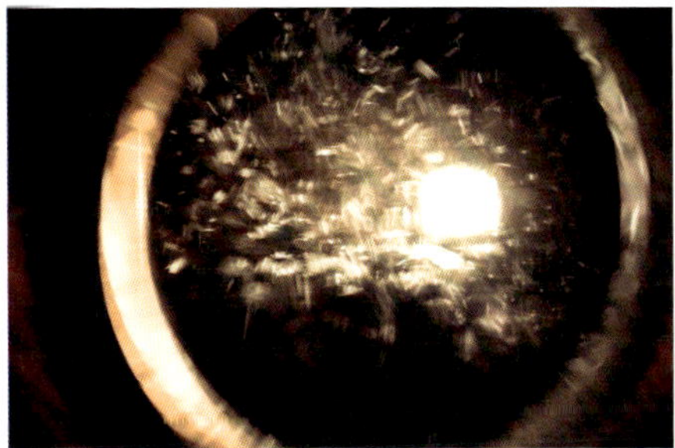

Glockenboden in Aktion

Die sensorische Fraktionierung ist wichtig für die Qualität des Destillats.

Die Fraktionierung in Vor-, Mittel- und Nachlauf sollte sensorisch erfolgen. Bei der Gegenstromdestillation ist der Alkoholgehalt an der Vorlage relativ lange hochprozentig und fällt am Ende des Brennvorgangs „schlagartig" ab. Dies ist ein Zeichen, das nahezu der gesamte Alkohol aus dem Mazerat gewonnen wurde. Die Destillationsdauer eines Brennvorgangs sollte ausreichend lange gewählt werden, damit eine zufriedenstellende Reinigung des Destillats innerhalb der Verstärkerkolonne gewährleistet werden kann.

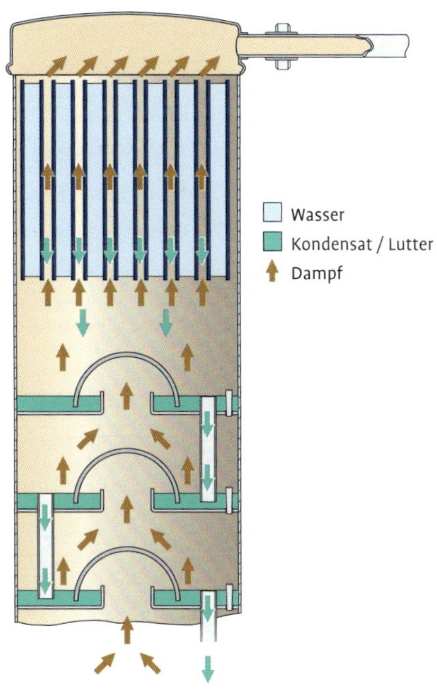

Schnitt durch eine Kolonnenbrennerei

DESTILLIEREN VON GIN

In den vorangegangenen Kapiteln wurden bereits die Grundlagen für das Herstellen von Gin vorgestellt. Dies sind zum einen die rechtlichen Aspekte und die verschiedenen Gin-Kategorien mit ihren unterschiedlichen Herstellungsweisen und Anforderungen. Zum anderen sind es die verschiedenen Zutaten und Qualitäten sowie das Wissen über die Rohware und ihre Qualitätskontrolle.

Die gewünschte Gin-Kategorie ist gewählt und die Liste der Botanicals, die im Gin Verwendung finden sollen, steht fest. Die Zutaten wurden mazeriert und können nun destilliert werden.

DAS VERFAHREN HAT EINFLUSS AUF DEN GESCHMACK

Je nach verwendetem Destillierapparat und Ausstattung des Geräts hat dies Einfluss auf das sensorische Profil des Gins. So ist es durchaus möglich, mit verschiedenen Destilliergeräten unterschiedlichster Ausstattung gute Gins zu kreieren. Aber auch das Destillationsverfahren hat erheblichen Einfluss auf den Geschmack eines Gins. Deshalb sollten in der Rezeptur sowohl das Gerät als auch das Destillationsverfahren berücksichtigt und perfektioniert werden.

Gewisse Funktionalitäten und Brennereispezifika bringen je nach angestrebtem Aromaprofil

Probennahme des Destillats für die sensorische Qualitätsbestimmung

Vorteile. Möchte der Brenner beispielsweise seinen Gin mit einer floralen Kopfnote aus Lavendel veredeln, so kann er den Lavendel in seinen Geistkorb geben. Hat das Brenngerät keinen Geistkorb oder kein vergleichbares System installiert, muss allein durch die Rezeptur des Mazerats der Lavendel inkludiert werden. So bringt ein Geistkorb dem Brenner deutlich mehr Flexibilität in der Herstellung, wenn er auch nicht zwingend erforderlich ist (Seite 98).

Ein Geistkorb kann in klassischen Brenngeräten und auch in solchen mit Verstärkerkolonne eingebaut werden. Sofern die Bauweise es zulässt, können auch bereits ältere Brenngeräte mit einem Geistkorb nachgerüstet werden.

VOR- UND NACHTEILE DER VARIANTEN ABWÄGEN

Wird der Gin auf einem klassischen Gerät destilliert, so ist die Verstärkung deutlich geringer als auf einem Destilliergerät mit Verstärkerkolonne. Neben der höheren Alkoholkonzentration des Mittellaufs ist auch die Gesamtausbeute auf Brennereien mit Verstärkerkolonne deutlich höher, da im Gegenstromverfahren auch der Rückfluss gesteuert werden kann. Auf dem Brenngerät mit Helm und Kühler kann die Stofftrennung nur durch die Beheizung reguliert werden.

Für welche der verschiedenen Destillationsmöglichkeiten sich der Brenner/Destillateur entscheidet, bleibt ihm selbst überlassen. Jede der Varianten hat ihre Vor- und Nachteile und nimmt einen sensorischen Einfluss auf das Endprodukt. Der Produzent muss entscheiden, welches Aromaprofil er sich für seinen Gin wünscht und dementsprechend den Destillationsprozess wählen beziehungsweise steuern.

FRAKTIONIERUNG SPIELT EINE GROSSE ROLLE

Ein weiterer wichtiger Aspekt in der Gin-Destillation sind die drei Fraktionen, die man auch von der Obstbrandherstellung kennt: Das sind der Vorlauf, der Mittellauf (das eigentliche Produkt) und der Nachlauf. Beim Gin enthält der Nachlauf nicht in dem Maße bis nahezu keine Fuselalkohole, wie es beispielsweise bei einem Brand der Fall wäre, sondern eher unerwünschte Aromakomponenten, welche sich negativ auf das Produkt auswirken würden. Durch Gaumen und Nase muss der Brenner sensorisch entscheiden, wo der Mittellauf endet und wo der unerwünschte Nachlauf beginnt. Es spielt also eine zentrale Rolle, welches „Filet“ der Brenner aus dem Destillat „herausschneidet“, um dieses als Gin zu vermarkten.

AUTOMATISCHE ABTRENNUNG

Wird immer die gleiche Rezeptur destilliert, gibt es von namhaften Brenngeräteherstellern die Möglichkeit, an seinem Brenngerät ein automatisches Vorlauf-, Mittellauf-, Nachlaufabtrennungs-System zu installieren. In der Steuerung dieses Systems werden die Vorlaufmenge und Parameter wie beispielsweise Geistrohrtemperatur eingepflegt. Das System trennt dann automatisch nach den eingestellten Parametern die Fraktionen ab.

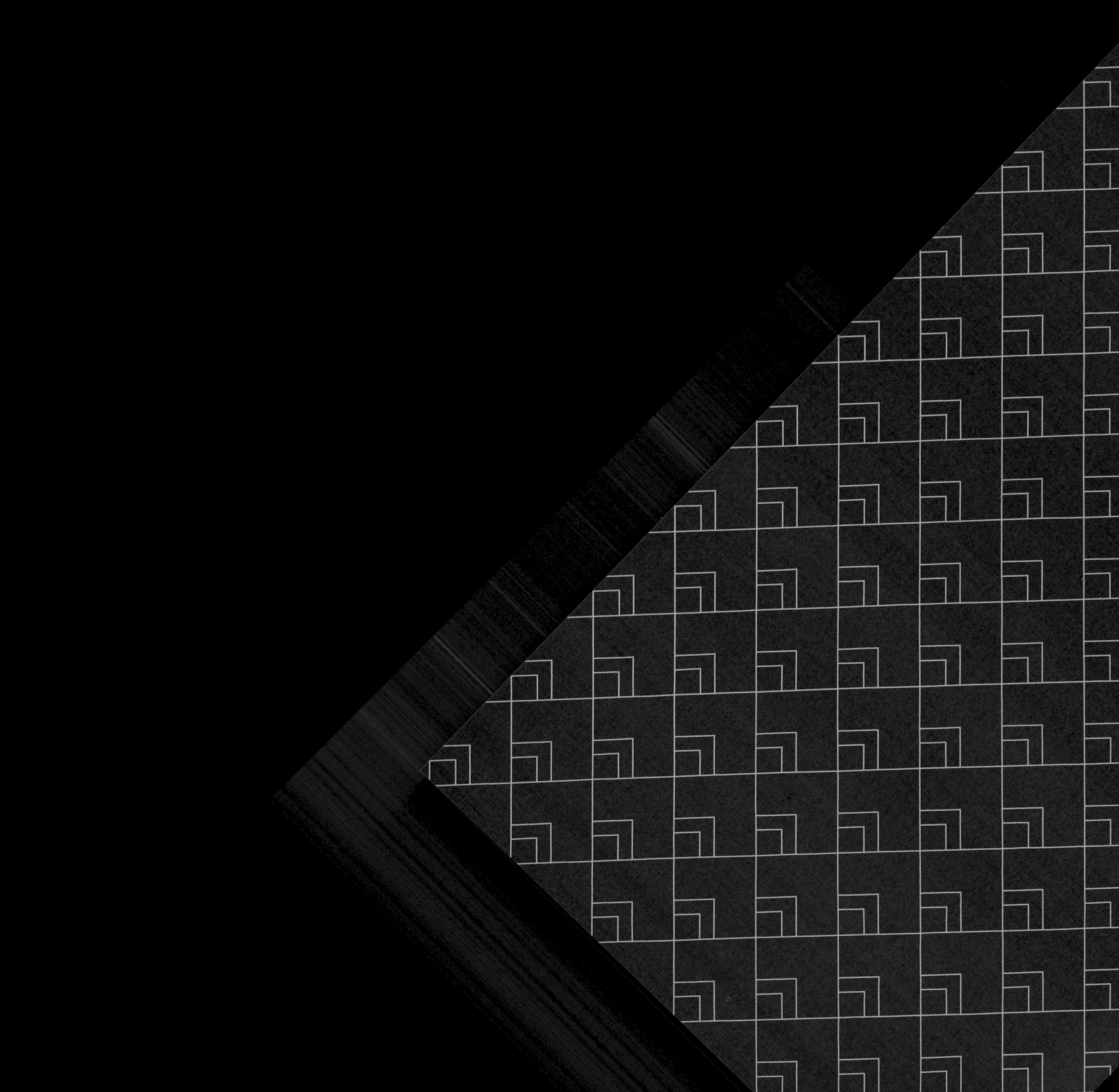

MAZERIEREN &
DESTILLIEREN

HERSTELLUNGSMETHODEN VON GEISTEN UND SPIRITUOSEN

Dieses Kapitel gibt einen Einblick in die relevanten Schritte zur Geist- und Gin-Herstellung. Um ein umfassendes Bild der verschiedensten Herstellungsweisen von Ansätzen und Auszügen zu vermitteln, werden auch die Perkolation und Digestion beschrieben. Diese finden bei der Herstellung von Auszügen für Spirituosen und Liköre Verwendung, da bei einem Geist mazeriert und destilliert wird.

MAZERATION

Die Mazeration ist die gängigste Methode zur Herstellung von Auszügen und Geisten. Bei der Mazeration wird der Rohstoff mit Alkohol übergossen und stehen gelassen (angesetzt). Der Alkohol dient als „Lösemittel" und zieht aus der Rohware die Inhaltsstoffe wie beispielsweise Aromen, ätherische Öle, Anthocyane usw. Dieser Ansatz wird bei der Geistherstellung, nach der gewünschten Mazerationszeit, destilliert. Dabei bezeichnet der Brenner die Destillation des Mazerats als Vergeistung.

Wichtige Parameter bei der Mazeration sind:

- Mazerationszeit
- Alkoholgehalt des verwendeten Alkohols
- Qualität des Alkohols
- Qualität der Rohware

Je nach Rohware ist es entscheidend, wie viel Rohware pro Liter Neutralalkohol zugegeben wird. Ebenso ist der Alkoholgehalt (% vol) des Neutralalkohols je nach verwendeter Rohware anzupassen. Kann bei Früchten mit hohem Wasseranteil wie beispielsweise Himbeeren der Neutralalkohol auf einem Alkoholgehalt von 96 % vol belassen werden, ist es bei Kräutern mit geringem Wassergehalt sinnvoll, den Alkoholgehalt zu senken. Ätherische Öle lösen sich sehr gut in hochprozentigem Alkohol, Gerb- und Bitterstoffe dagegen in wässriger Lösung.

WAS, WENN VIELE ÄTHERISCHE ÖLE ENTHALTEN SIND?

Werden zu viele Botanicals mit hohem Anteil ätherischer Öle in hochprozentigem Alkohol mazeriert, gehen sehr viele Öle in die Lösung über. Wird das Mazerat destilliert, gelangen die Öle ins Destillat. Wenn dieses sehr ölhaltige Destillat nur noch mit Wasser heruntergesetzt wird, kann es sein, dass sich das Produkt stark eintrübt. Weil Öle in Wasser nicht löslich sind, reicht dann die Alkoholkonzentration nicht mehr aus, um die Öle in Lösung zu halten. Hier hat der Produzent des Geistes zwei Optionen, um gegenzusteuern: Er kann die Menge des Rohstoffs verringern oder die Trübung vor der Abfüllung des Produktes herausfiltrieren. Nachteil der Filtration ist, dass auch viele wertgebende Inhaltsstoffe verloren gehen.

Der Produzent muss je nach Anforderungen an das sensorische Profil des Geistes entscheiden, welche Variante für das Produkt am sinnvollsten ist.

WAS, WENN ZU LANGE MAZERIERT WIRD?

Die Mazerationszeit ist ein nicht zu vernachlässigender Faktor in der Mazeratbereitung. Wird eine Wurzel- oder Kräuterdroge mit hohem Bitterstoffgehalt sehr lange mazeriert, steigt der Bitterstoffgehalt mit der Mazerationsdauer weiter an. Dies kann bei der Bitterspirituosenherstellung gewünscht sein, wirkt sich aber bei fruchtigen oder blumigen Spirituosen eher negativ auf feine, filigrane Aromakomponenten aus. Als konkretes Beispiel kann ein Himbeergeist dienen: Himbeeren enthalten sehr viele kleine Kerne. Wenn diese zu lange mazeriert werden, kann dies im Destillat kernige Noten verursachen. Diese übertönen unter Umständen die fruchtigen Aromen der Himbeere, stören die sensorische Wahrnehmung des Himbeergeists und mindern die Qualität.

Auch Fenchelsamen werden ab und zu einem Gin hinzugefügt.

ZU DEN MAZERATIONSBEHÄLTNISSEN

Mazeriert wird heutzutage oft in Edelstahlkannen oder -tanks. Klassische Mazerationsgefäße kommen nur noch selten zum Einsatz, eher noch lebensmittelechte Kunststofffässer. Der Aufbau eines Mazerationsgefäßes besteht in der Regel aus einem Siebboden, auf dem die Drogen/Botanicals verteilt werden. Auf die Drogen kommt zur Beschwerung oft ein Siebdeckel, der das Extraktionsgut im Alkohol hält, ohne dass es aufschwimmt. Ein dicht abschließender Deckel verschließt das Mazerationsgefäß und dient dazu, Alkoholverluste durch Verdunstung zu vermeiden. Der Deckel ist oft mit einem Entlüftungshahn versehen. Das Mazerationsgefäß verfügt zusätzlich über eine Restentleerung, um den Drogenauszug auch entnehmen zu können.

Da durch Mazerationsgefäße das Extraktionsgut sehr gut vom Ansatzsprit zu trennen ist (es wird abgesiebt), werden Mazerationsgefäße vermehrt in der Likör- und Bitterherstellung eingesetzt. Sie erleichtern auch das Abseihen. Für die Geistherstellung werden heutzutage oft Edelstahlkannen oder -tanks verwendet, da das gesamte Mazerat mitsamt den Feststoffen des Rohstoffs destilliert wird.

PERKOLATION

Die Perkolation ähnelt der Mazeration, allerdings durchströmt bei der Perkolation der Alkohol die Drogen „aktiv“ und kann abfließen. Die Drogen werden auf einen Siebboden in den sogenannten Perkolator gegeben. Zum Beschweren kommt eine Siebplatte auf die Drogen.

Ein Perkolator ist ein zylindrisch sich nach unten hin verjüngendes Gefäß mit Siebboden und Ablasshahn. Wird den Drogen im Perkolator Alkohol zugesetzt, durchströmt dieser bei geringer Öffnung des Ablasshahns langsam die Drogen und kann aufgefangen werden. Durch das Durchströmen kommt es zu einer intensiveren Extraktion des Rohstoffes.

Früher, als die Kosten für Kräuter und Gewürze noch viel höher waren als heute, war es sehr wichtig, den Rohstoff komplett zu extrahieren. Oberhalb des Perkolators befindet sich oft ein Gefäß mit neuem Ansatzsprit, der in den Perkolator nachdosiert werden kann. Sind alle alkohollöslichen Inhaltsstoffe extrahiert, können, wenn gewünscht, durch ein anschließendes „Durchströmen“ mit Wasser auch die wasserlöslichen Inhaltsstoffe gewonnen werden. Die Perkolation ist in der Spirituosen- und Likörherstellung eine weit verbreitete Extraktionsmöglichkeit.

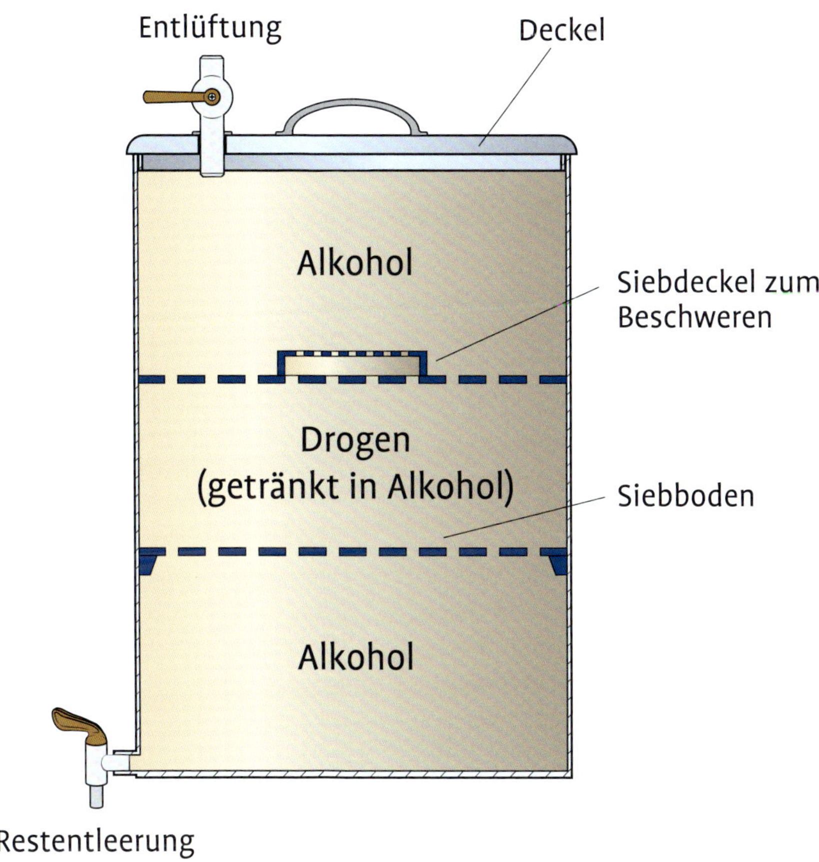

Mazerationsgefäß

DIGESTION

Die Digestion ist die Herstellung eines Auszugs mit Wärme (warme Mazeration). In der Regel wird der verdünnte Alkohol mit der Rohware für einige Stunden/Tage auf einer Temperatur von 45–60 °C gehalten. Durch die erhöhte Temperatur werden deutlich mehr Inhaltsstoffe in kürzerer Zeit gelöst als bei der herkömmlichen Mazeration. Durch die intensive Auslaugung der Rohware sind Digerate aber häufig übermäßig mit „unerwünschten" Inhaltsstoffen angereichert. Daher wird die Digestion immer seltener angewandt. In der Herstellung von Bitterspirituosen findet sie jedoch noch Verwendung.

DESTILLATION ALS HERSTELLUNGS-METHODE

Die Destillation ist die Trennung eines Flüssigkeitsgemischs durch Teilverdampfung des Gemischs mit anschließender Kondensation. Bei der Destillation erfolgt die Trennung allein aufgrund des Siedegleichgewichtes, indem der Dampf mehr leichter siedende Komponenten enthält als das Gemisch selbst. Man ist also in der Lage, durch eine gute Temperatursteuerung gewünschte leichtflüchtige Aromakomponenten von unerwünschten, schwerer siedenden unangenehmen Aromen zu trennen. Bitterstoffe können bei einer langsamen Destillation und frühzeitigen Fraktionierung weitgehend abgetrennt werden. Wird der Ansatz mit Dephlegmator und Verstärkerböden rektifiziert (Gegenstromdestillation), kann eine noch bessere Trennung von erwünschten und unerwünschten Aromen erfolgen.

Folgende Destillationsverfahren sind möglich:

- ohne Böden nur mit Helm
- ein Boden aktiv
- zwei Böden aktiv
- drei Böden aktiv
- usw.

Mit der Wahl des Verfahrens kann der Brenner/Destillateur die Effektivität des Trennprozesses und damit die „Sauberkeit" des Destillats beeinflussen. Umso mehr Böden eingeschaltet werden und je höher der Rückfluss in der Kolonne eingestellt wird, desto „reiner" wird das Destillat. Eine sensorische Fraktionierung in Vor-, Mittel- und Nachlauf sollte ebenfalls erfolgen, um ein qualitativ hochwertiges Destillat herzustellen.

Der Brenner muss also mit der Wahl des Destillationsverfahrens entscheiden, wie er seinen Ansatz destillieren möchte. Durch das Verwenden einer Verstärkerkolonne kann er viel mehr in den Destillationsprozess eingreifen, gewünschte Nuancen besser in Szene setzen und unerwünschte Komponenten mehr zurückhalten. Diese Möglichkeit hat er mit der klassischen Destillation über Helm und Kühler nur bedingt, da hier nur die Beheizung steuerbar ist.

HINWEIS

Um den Destillierboden aktiv zu schalten, muss natürlich auch der Dephlegmator eingeschaltet sein.

Temperatursteuerung und -überwachung ist essenziell für den Destillationsprozess.

DAS BRENN-GERÄT

BAUTEILE DER BRENNEREI

Auf den folgenden Seiten werden die wichtigen Bauteile des Brenngerätes beschrieben und erklärt. In der Regel sind Brenngeräte der bekannten Hersteller Einzelanfertigungen für den individuellen Anwendungsbereich. Je nach Größe der Chargen und Umfang des Produktsortiments wird die Brennerei auf die Anforderungen und Wünsche des Brenners angepasst und zugeschnitten.

BRENNBLASE

Bis zum 31.12.2017 war die Brennblasengröße für Abfindungsbrenner auf maximal 150 l Fassungsvermögen begrenzt. Mit dem Fall des Branntweinmonopolgesetzes ist die Blasengröße für Abfindungsbrenner ab dem 01.01.2018 nicht mehr begrenzt. Für Verschlussbrennereien galt diese Begrenzung ohnehin nicht.

Verschlussbrennerei der Brennerei Schroll in Schwangau

In der Regel sind Brennblasen von einem Wasserbad umschlossen, um eine indirekte Beheizung zu gewährleisten. Diese indirekte Beheizung verhindert ein Anbrennen des Brennguts und daraus resultierende unangenehme Geschmacksstoffe im Destillat. Dampfbeheizte Brennereien besitzen kein Wasserbad, da durch Wasserdampf ebenfalls keine Gefahr des Anbrennens des Brennguts besteht.

Brennblasen können mit den verschiedensten Brennstoffen beheizt werden. Die gängigsten Arten der Beheizung sind:

- Holzbefeuerung
- Gasbrenner
- Ölbrenner
- elektrische Beheizung
- mit Dampf beheizt

Das Brenngerät beziehungsweise die Brennblase sollte mit einem Rührwerk ausgestattet sein, denn durch das Umrühren wird eine gleichmäßige Erwärmung des Füllgutes sichergestellt. Die Temperaturführung ist ein enorm wichtiger Faktor in der Herstellung hochwertiger Destillate. Wird ungleichmäßig erhitzt, ist eine Fraktionierung in Vor-, Mittel- und Nachlauf nicht gewährleistet. Der Mittellauf wird dadurch mit unerwünschten Aromen verunreinigt. Vor allem bei hochviskosen Ansätzen sollte ein Rührwerk verwendet und noch mehr Wasser als üblich in die Brennblase hinzugegeben werden. Dies senkt die Viskosität und der Rohstoff kann gleichmäßig erhitzt werden.

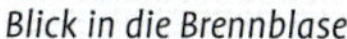

Blick in die Brennblase

Brennblase mit Rührwerk und Geistkorb

TIPP FÜR HEUGEIST

Bei der Herstellung von Heugeist sollte das Rührwerk ausgeschaltet bleiben, da das Heu das Rührwerk blockieren und dadurch großer Schaden an Rührwerk und Brenngerät entstehen kann. Dennoch sollte das Heu immer sehr klein geschnitten sein.

GEISTKORB

Der Geistkorb ist eine sehr wirkungsvolle und vielseitig einsetzbare Erweiterung in der Gin- und Geistherstellung. Er ist ein extra angefertigter Edelstahl-Siebkorb, der mit Botanicals bestückt werden kann. Der Geistkorb wird dann in den Dampfraum unterhalb des Helms eingehängt. Dabei muss er so angebracht sein, dass der Alkoholdampf „gezwungen" ist, durch den Korb hindurchzusteigen, um so die Aromen der Botanicals „mitreißen" zu können. Für hitzeempfindliche Botanicals mit floralen Noten wie Rosenblätter oder Lavendelblüten ist der Geistkorb eine gute Wahl.

DER HELM

Dem Helm eines Brenngeräts wird oft eine zu große Bedeutung zugesprochen. Vielfach wird angenommen, dass die Helmform entscheidend für den Geschmack des resultierenden Destillats ist. Dieser Mythos der Helmform ist vor allem bei Whiskyliebhabern weit verbreitet. Dennoch sei gesagt, dass der Helm, sofern er nicht direkt gekühlt oder die Brennerei im Freien steht, nur zur Beginn der Destillation Einfluss auf den Destillationsprozess hat.

Geistkorb

Ist der Helm kalt, hat er durchaus eine kühlende und dephlegmierende Wirkung auf den Alkoholdampf. Je nach Form und Höhe kondensiert hier mehr Destillat innerhalb des Dampfraums und somit ist das Destillat freier von später siedenden Inhaltsstoffen wie beispielsweise Fuselalkoholen/-ölen (Seite 85). Nach den ersten fünf bis zehn Minuten jedoch ist der Helm auf „Betriebstemperatur". Dann ist er so warm, dass nahezu keine Kondensation mehr stattfindet und somit kein effektiver Rückfluss mehr erzeugt wird.

Dampf geht immer den Weg des geringsten Widerstandes. Würde der Helm mit kalter Luft oder Wasser direkt gekühlt werden, hätte er einen „reinigenden Effekt". Das ist aber in der Regel nicht der Fall, da die meisten Brenngeräte über eine Verstärkerkolonne mit Dephlegmator verfügen.

Kupferhelm der Verschlussbrennerei Schroll in Schwangau.

VERSTÄRKERKOLONNE MIT DEPHLEGMATOR

Im Wesentlichen besteht die Verstärkerkolonne aus zwei Bauteilen: Das sind zum einen die Verstärkerböden und zum anderen der Dephlegmator. Die Verstärkerböden wie beispielsweise Sieb- oder Glockenböden verstärken den Alkohol in der Dampfphase, dampfförmiger Alkohol wird angereichert. Nun steigt der Dampf auf, passiert die Verstärkerböden und gelangt zum Dephlegmator.

Der Dephlegmator ist ein Kühler, der schwerer siedende Komponenten kondensiert, zum Beispiel Wasser und Nachlaufkomponenten. Das mit unerwünschten Inhaltsstoffen angereicherte Kondensat fließt über die Verstärkerböden zurück in die Brennblase. Aufgrund dieses Rückflusses der schwerer siedenden Komponenten enthält der Dampf weniger Wasseranteile und ungewollte Nachlaufkomponenten, sodass der Alkoholgehalt im Dampf steigt. Nicht kondensierter Dampf überwindet den Dephlegmator und gelangt so über das Geistrohr in den Kühler, in dem der weitgehend von Wasser und Nachlaufkomponenten gereinigte Dampf kondensiert.

Je mehr Verstärkerböden eingeschaltet werden, desto größer ist die Trenn- beziehungsweise die Reinigungsleistung und damit auch die Verstärkung des Alkohols. Durch den Kühlwasserdurchfluss am Dephlegmator können Rückfluss und Trennleistung variiert werden.

Je nach Bauweise des Brenngeräts kann die Verstärkerkolonne aufgesetzt oder nebenstehend verbaut sein. Aufgesetzt heißt, die Kolonne sitzt direkt auf der Brennblase.

Verstärkerkolonne aufgesetzt

Nebenstehende Verstärkerkolonne

Nebenstehend bedeutet, dass die Verstärkerkolonne neben der Brennblase mit Helm angebracht ist. Dann wird der Helm über ein Rohr mit der Kolonne verbunden.

KATALYSATOR

Der Katalysator dient der Erhöhung der Kupferoberfläche innerhalb des Brenngeräts und wird in der Regel zwischen Dephlegmator und Kühler beziehungsweise Geistrohr eingebaut.

EXKURS EINBAU KATALYSATOR

Es ist sinnvoll, den Katalysator aufgesetzt über den Dephlegmator einzubauen. Wird er mittig zwischen Kolonne und Kühler verbaut, ist darauf zu achten, den Rückfluss mindestens auf den obersten Boden zurückzuleiten. Besser wäre es, ihn, ähnlich wie bei der aufgesetzten Variante, oberhalb des Dephlegmators zurückzuführen. Dies ist wegen einer zu geringen Raumhöhe jedoch häufig nicht möglich. Wird der Rückfluss auf den untersten Verstärkerboden geleitet, so kann der Katalysator als Bypass fungieren und es werden wichtige Verstärkerböden unbeabsichtigt umgangen.

Der Werkstoff Kupfer ist nicht nur schön anzusehen und hat eine gute Wärmeleitfähigkeit, sondern hat auch katalytische Eigenschaften. Diese wirken sich positiv auf das Destillat aus. So ist Kupfer in der Lage, Cyanide (Blausäure) zu binden, die ansonsten ins Destillat gelangen würden. Dort könnten sie unter der Einwirkung von Licht und im Zusammenspiel mit Ethanol zum gesundheitsschädlichen Ethylcarbamat reagieren. Das Kupfer bindet darüber hinaus auch Schwefelverbindungen, die sonst ebenfalls ins Destillat gelangen könnten.

Cyanide und Ethylcarbamat kommen vor allem bei Steinobstbränden vor. Aber auch bei Geisten ist ein Katalysator sinnvoll, da bei falscher Bearbeitung der Rohware ebenfalls Cyanide enthalten sein können, die in einem Katalysator gebunden werden würden. Zudem bindet Kupfer noch andere unerwünschte Komponenten. Allerdings ist nur sauberes, reaktives Kupfer in der Lage, diese ungewollten Inhaltsstoffe zu katalysieren. Deshalb ist eine regelmäßige Reinigung des Brenngeräts inklusive anschließender Behandlung mit einer Zitronensäurelösung wichtig, um die katalytische Wirkung des Kupfers zu gewährleisten.

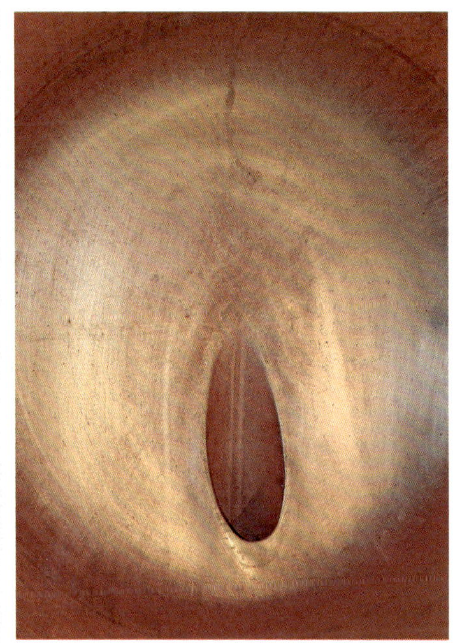

Saubere Kupferoberfläche im Brenngerät

Hebel zum Ein- und Ausschalten des Katalysators

KÜHLER

Destillatkühler dienen ausschließlich dazu, den Destillatdampf zu verflüssigen, das heißt den Aggregatzustandswechsel von dampfförmig in flüssig zu gewährleisten. Heutzutage werden überwiegend Röhrenkühler aus Edelstahl verbaut. Es ist wichtig, dass – anders als bei Brennblase, Helm, Kolonne und Katalysator – Edelstahl und nicht Kupfer verwendet wird. Denn ein Kühler aus Kupfer kann Kupfersalze enthalten, die im Destillationsprozess ins Destillat gelangen könnten.

Destillatkühler aus Edelstahl mit Kupfer ummantelt

DESTILLATTEMPERATUR

Der Kühler sollte so eingestellt werden, dass die Temperatur des fertigen Destillats 20 °C nicht übersteigt. Bei Verschlussbrennereien mit Alkoholmessuhr muss sogar das Destillat auf eine Temperatur von 20 °C eingestellt werden, um eine exakte Messung des Alkoholgehaltes zu gewährleisten. Denn das Volumen von Flüssigkeiten, auch von Alkohol, ist temperaturabhängig. Eine höhere oder niedrigere Temperatur würde das Messergebnis verfälschen.

REINIGUNG DES BRENNGERÄTS

Die Reinigung des Destillierapparats ist wichtig, um qualitativ hochwertige Destillate in einer gleichbleibenden Qualität zu produzieren. Wird das Brenngerät nicht ausschließlich für die Geistherstellung verwendet, sondern auch für Maische, dann verschmutzt die Brennblase zusehends mit Belägen, Krusten und Schleimstoffen. Diese Verunreinigungen können Fehlaromen im Destillat verursachen. Auch der Wärmeübergang ist durch die Ablagerungen von Maischeresten beeinträchtigt.

Vorlage aus Edelstahl, mit Restentleerung

Rotierender Sprühkopf für eine effektive Reinigung des Brenngeräts

Die Reinigung des Brenngeräts ist wichtig für die Qualität des Destillats.

Werden oft sehr ölhaltige Rohstoffe destilliert, muss das Brenngerät regelmäßig mit Lauge gereinigt werden. Nicht nur die Brennblase und der Helm, sondern auch die Verstärkerkolonne verschmutzen mit jeder Destillation zusehends: Zum einen oxidiert die Kupferoberfläche und verfärbt sich dunkel. Zum anderen legen sich mit der Zeit auch Fuselöle, ätherische Öle, Fettsäuren, oxidierte Fette und weitere unerwünschte Inhaltsstoffe (unter anderem Nachlaufreste) über die Destillierböden und die Verstärkerkolonne. Das kann zur Aromaverschleppung unerwünschter Aromen und durch oxidiertes Fett zu ranzig riechenden Destillaten führen. Das Spülen der Verstärkerkolone mit warmem Wasser ist nach jedem Brand erforderlich. Je mehr Nachlauf gewonnen wird, umso stärker ist die Verschmutzung.

Je nach Bedarf und sichtbarer Verschmutzung sollte ein „"Reinigungsbrand" mit Brennblasenreiniger auf Natronlaugenbasis mit Tensiden und Emulgatoren durchgeführt werden. Die Lauge löst dabei die Öle und Verschmutzungen. Durch die Behandlung mit Lauge oxidiert die Kupferfläche und eine Behandlung mit einer Zitronensäurelösung, zum Reaktivieren der Kupferoberfläche, ist unverzichtbar. Nur eine blanke reaktive Kupferoberfläche hat eine katalytische Wirkung und kann beispielsweise Cyanide und unerwünschte Schwefelverbindungen binden. Ein sauberes Brenngerät ist also wesentlich für ein qualitativ hochwertiges Destillat.

NACH DER DESTILLATION

FERTIGSTELLUNG DES *DESTILLATS*

In den nächsten Kapiteln werden die wesentlichen Prozessschritte beschrieben, die das Destillat nach dem Brennvorgang durchläuft – bis hin zum abfüllfertigen Geist oder Gin. Diese einzelnen Prozessschritte sind wichtig, um die Qualität des Destillats zu erhalten. Werden diese nicht gewissenhaft durchgeführt, kann dies Qualitätseinbußen zur Folge haben.

DESTILLATLAGERUNG

Die Destillatreifung ist ein wichtiger Prozess in der Herstellung von hochwertigen Destillaten. Dabei sollte die Lagerung von Destillaten in Edelstahlgefäßen oder Glasballons erfolgen. Wichtig ist, dass der Luftraum so gering wie möglich bemessen wird und die Lagergefäße dicht verschlossen werden, um den Verlust von gewünschten Aromen sowie Oxidationsprozesse zu minimieren. Ein geeigneter Lagerort weist möglichst gleichbleibende kühlere Temperatu-

Glasballon, befüllt mit Destillat

ren auf. Ideal ist ein dunkler kühler Raum mit konstanter Temperatur.

In der Destillatreifung passieren komplexe chemische Veränderungen und eine Veresterung der Inhaltsstoffe des Destillats. Die Veresterung im Reifeprozess verleiht dem Geist ein abgerundetes, harmonisches Aroma. Dazu tragen auch oxidative und nicht-oxidative Reaktionen zusätzlich bei.

HOLZFASSLAGERUNG VON GEISTEN

Die Holzfasslagerung für Geiste wie beispielsweise Gin ist auf dem Vormarsch. In traditionellen Kräuterlikörrezepturen wurden und werden auch heute noch fassgelagerte Kräutergeiste eingesetzt.

Bei der Holzfassreifung kommt es zu Oxidations- und Extraktionsprozessen, die maßgeblichen Einfluss auf den Geschmack der holzfassgelagerten Spirituose ausüben. Phenole aus der Holzdaube des Holzfasses gelangen in das Destillat. Der Sauerstoff und Gasaustausch durch das Holzfass mit der Umgebungsluft haben ebenfalls Einfluss auf den Reifeprozess der Spirituose. So hat der Gasaustausch zwischen Fass und Umgebungsluft einen durchschnittlichen Verlust (im Englischen spricht man von „Angels' share", dem himmlischen Anteil der Engel) von ca. 4 % pro Jahr zur Folge. Dabei ist der jährliche Verlust stark von der Luftfeuchtigkeit und Temperatur des Fasslagers abhängig.

Auch der Alkoholgehalt des Destillats, das in das Holzfass gefüllt wird, ist ein wichtiger Parameter der Holzfassreifung, ebenso wie die Lagerdauer im Fass. Wird der Alkoholgehalt zu hoch gewählt, werden tendenziell mehr Phenole und Holzaromen im Destillat gelöst. Ein Alkoholgehalt von 60–65 % vol hat sich bewährt und sorgt für eine Lagerung mit nicht allzu viel Produktverlust. Auch Lagerbedingungen mit konstanten Temperaturen von circa 15 °C und 80 % Luftfeuchtigkeit ergaben akzeptable Produktverluste während der Reifung im Holzfass.

Nicht für jeden Geist ist eine Holzfasslagerung zu empfehlen, da viele leichtflüchtige Aromen dabei verloren gehen. Auch die durch die Holzfasslagerung auf das Destillat wirkende Oxidation kann sich negativ auf das Produkt auswirken.

Holzfass mit Domdeckel

MESSEN DES ALKOHOLGEHALTES VON DESTILLATEN

In diesem Kapitel werden die beiden gängigsten Methoden der Alkoholbestimmung von extraktfreien Spirituosen vorgestellt. Die exakte Bestimmung ist für das Einstellen auf Trinkstärke sowie das Inverkehrbringen der Spirituosen mit dem richtigen Alkoholgehalt enorm wichtig (Seite 113/114).

DIE ALKOHOLSPINDELN

Ein Alkoholometer, umgangssprachlich als Alkoholspindel bekannt, ist ein Aräometer, das nach dem archimedischen Prinzip funktioniert. Soll der Alkohol exakt bestimmt werden, ist es unbedingt erforderlich, Alkoholometer der Klasse 2 oder 3 zu verwenden. Für Klasse-2-Alkoholspindeln wird ein größeres Probevolumen von 400 ml benötigt, wohingegen Alkoholometer der Klasse 3 nur 200 ml Probenvolumen brauchen.

Möchte der Brenner auch Liköre herstellen, ist es sinnvoll, sich Alkoholometer der Klasse 3 anzuschaffen, da in der Probedestillation (Alkoholbestimmung für Liköre) meist 200 ml Destillat gewonnen wird. Das Ablesen der Alkoholwerte auf dem Alkoholometer geschieht, sofern es auf der Spindel nicht anders vermerkt ist, von unten, um Messungenauigkeiten zu vermeiden. Notiert wird sowohl der Alkoholgehalt, abgelesen auf der Skala in Höhe der Grenzfläche (Flüssigkeit zu Luft), als auch die Temperatur, die das Alkoholometer anzeigt. Mit den Werten Alkoholgehalt (% vol) und Temperatur (°C) kann in der amtlichen Alkoholtafel Tafel 1 der exakte Alkoholgehalt bei theoretischen 20 °C der Probe abgelesen werden. Erst dann ist die Alkoholmessung abgeschlossen.

Die amtlichen Alkoholtafeln dürfen in keinem Betrieb, der Spirituosen herstellt, fehlen. Sie sind Grundlage für die Alkoholometrie und notwendig für die Alkoholbestimmung mit einer Alkoholspindel. Die Alkoholtafeln sind in sechs Tafeln aufgegliedert. Tafel 1 ist notwendig, wenn das gespindelte Destillat keine exakten 20 °C aufweist. In dieser Tafel können die Temperatur und die Volumenprozente abgelesen werden, um dann den tatsächlichen Alkoholgehalt bei 20 °C zu ermitteln. Der auf dem Etikett angegebene Alkoholgehalt, der bei Spirituosen nicht mehr als +/- 0,3 % vol vom tatsächlichen Wert abweichen darf, wird immer auf 20 °C bezogen. Ebenso wichtig ist die Tafel 6 in der von 0–100 % vol alle weiteren wichtigen Werte wie Dichte und % mas angegeben werden. Diese Werte sind für die weiterführende Alkoholometrie notwendig, die über das exakte Ablesen einer Spindel hinausgeht.

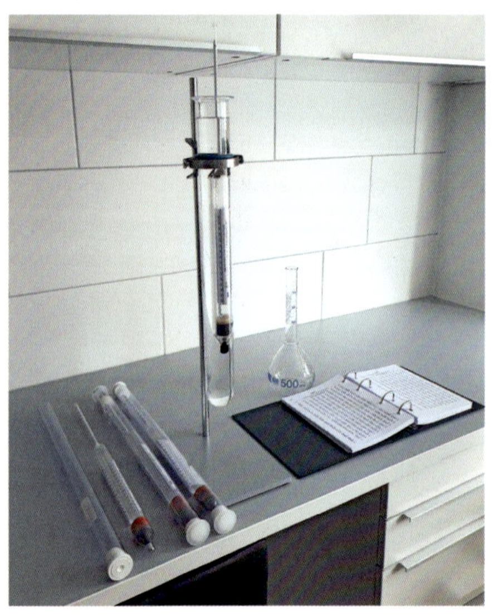

Alkoholspindel schwimmt im Destillat.

DAS ARÄOMETER

Das Aräometer funktioniert nach dem archimedischen Prinzip, wonach jeder Körper, der in eine Flüssigkeit eintaucht, einen scheinbaren Gewichtsverlust erleidet. Dieser Gewichtsverlust entspricht dem Gewicht der verdrängten Flüssigkeit. Das Aräometer taucht folglich umso tiefer in eine Flüssigkeit ein, je leichter beziehungsweise je geringer die Dichte dieser Flüssigkeit ist.

DAS TRAGBARE ALKOHOLMESSGERÄT

Tragbare Alkoholmessgeräte sind eine sehr flexible und schnelle Alternative zu den herkömmlichen Alkoholspindeln. Das Alkoholmessgerät, hier auf dem Bild das Snap 51, funktioniert nach dem Messprinzip der Biegeschwingermethode. Bei dieser Methode wird die Dichte von Flüssigkeiten gemessen. Dazu wird die Probe in einen meist U-förmigen Messschwinger (je nach Modell kann die Form abweichen) gefüllt, der elektronisch zur Schwingung in seiner Eigenfrequenz angeregt wird.

Die Eigenfrequenz ändert sich je nach Dichte der Probe. Somit kann durch präzise Messung der Eigenfrequenz die Dichte der Probe ermittelt werden. Da die Temperatur großen Einfluss auf die Dichte einer Flüssigkeit hat, muss die Messzelle sehr genau thermostatisiert werden. Für die Bestimmung des Alkoholgehalts werden 2 ml der zu messenden Flüssigkeit in die Messzelle gepumpt und dort durch die Biegeschwingermethode analysiert.

Der große Messbereich von 0–100 % v/v zur Alkoholbestimmung von extraktfreien Spirituosen ersetzt den Spindelkasten sowie die Alkoholtafel 1, da der Alkoholgehalt bei 20 °C direkt auf dem Display angezeigt wird. Wichtig bei tragbaren Alkoholmessgeräten ist die Messgenauigkeit. Das Alkoholmessgerät Snap 51 verfügt über eine Messgenauigkeit von 0,1 % v/v. Genau diese sehr gute Messgenauigkeit haben auch die Alkoholspindeln Klasse 2 und Klasse 3, sodass das tragbare Alkoholmessgerät der Spindel in nichts nachsteht. Günstigere Geräte können unter Umständen über eine höhere Messabweichung verfügen, womit sie für den Brenner eher uninteressant sind. Geräte neuster Generation, wie das hier beschriebene Modell, verfügen über Schnittstellen wie beispielsweise Bluetooth, um den Datentransfer vom Messgerät zum Computer oder Drucker zu ermöglichen.

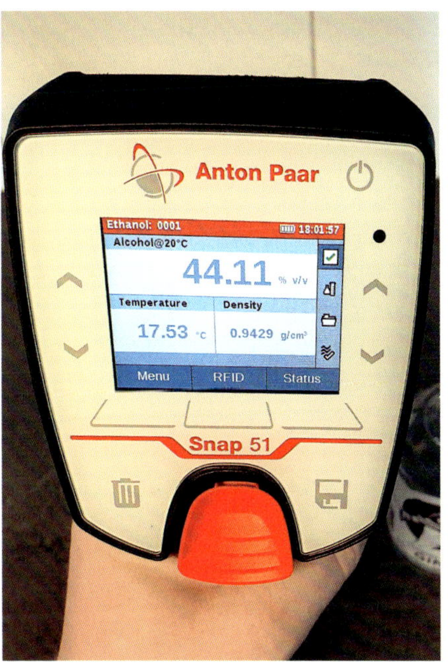

Tragbares Alkoholmessgerät Snap 51 von Anton Paar

HERABSETZEN VON DESTILLATEN

Auf den nächsten Seiten wird beschrieben, welchen Anforderungen das Verschnittwasser für das Herabsetzen des Destillats entsprechen muss und wie die benötigte Verschnittwassermenge ermittelt werden kann.

WASSERAUFBEREITUNG

Beim Herabsetzen des Destillats auf Trinkstärke ist darauf zu achten, dass nur Wasser mit Trinkwasserqualität verwendet wird. Das Wasser sollte einen Härtegrad von 3° dH (deutsche Härte) nicht überschreiten. Wird ein zu hartes Wasser verwendet, können in der fertigen Spirituose Trübungen auftreten. Die Ursache für diese Trübungen sind Calcium- und Magnesiumsalze, die sich in Alkoholwassermischungen viel schlechter lösen als im reinen Trinkwasser.

KATIONENAUSTAUSCHER

Kationenaustauscher mit Austauscherharzen tauschen Ca- und Mg-Ionen durch Na-Ionen aus. Wichtig ist, dass der Härtegrad des Wassers regelmäßig überprüft wird. Steigt der Härtegrad des Wassers an, sollte der Wasserenthärter schnellstmöglich regeneriert werden, um Härtetrübungen in Destillaten zu vermeiden. Langfristig sinnvoll ist es, sich ein Enthärtungssystem anzuschaffen, das sich automatisch regeneriert, um immer enthärtetes Verschnittwasser zur Verfügung zu haben.

Kationenaustauscher für die Verschnittwasseraufbereitung

BEACHTEN BEIM HERABSETZEN

Beim Herabsetzen von Destillaten auf Trinkstärke sind einige Faktoren zu berücksichtigen: So muss das verwendete Verschnittwasser den Anforderungen, die im Abschnitt Wasseraufbereitung (siehe oben) beschrieben wurden, entsprechen. Unbedingt zu beachten ist, dass das Mischen von Alkohol und Wasser zu einer Änderung des Volumens führt. Werden beispielsweise 100 l reiner Alkohol und 100 l Wasser miteinander gemischt, ergibt das nicht, wie man zunächst vielleicht erwarten würde, 200 l einer Alkoholwassermischung mit 50 % vol, sondern 193 l einer Alkoholwassermischung mit 51,3 % vol. Diesen Effekt nennt man Kontraktion, eine Volumenänderung durch Zusammenziehen.

Werden jedoch 50 kg Alkohol und 50 kg Wasser gemischt, entstehen 100 kg einer Alkoholwassermischung. Es kommt zu einer Volumenänderung, aber keiner Massenänderung. Es ist daher sinnvoll, Destillate die herabgesetzt werden, zu wiegen und mithilfe von Massenprozent (% mas) auf die gewünschte Trinkstärke einzustellen. In der amtlichen Alkoholtafel werden die Dichten, Massenprozente und Volumenprozente der verschiedensten Alkoholwassermischungen aufgeführt. Mit dem Mischungskreuz (siehe nachfolgende Abbildung) kann man die benötigte Wassermenge berechnen.

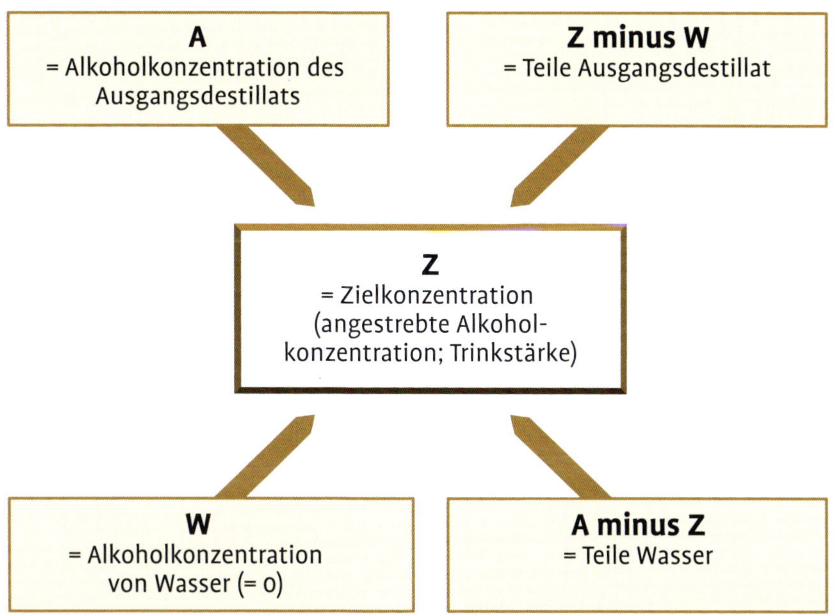

Mischungskreuz für Destillate

Ein hochprozentiges Destillat mit Alkoholkonzentration A soll mit Wasser auf Trinkstärke mit Alkoholkonzentration Z herabgesetzt werden.

Um die benötigten Anteile der Mischung von Ausgangsdestillat und Wasser zu ermitteln, kommt das Mischungskreuz zum Einsatz.

Berechnung:
Teile Ausgangsdestillat = angestrebte Alkoholkonzentration Z minus Alkoholkonzentration von Wasser.

Teile Wasser = Alkoholkonzentration des Ausgangsdestillats A minus angestrebte Alkoholkonzentration.

FILTRATION

In der Regel werden Destillate einer Kühlfiltration unterzogen. Dies erfolgt, um dem Endverbraucher ein komplett klares Produkt, selbst bei unsachgemäßer kalter Lagerung, zu gewährleisten. Durch das starke Kühlen der Spirituose auf 5 °C bis –10 °C sinkt die Löslichkeit vor allem von Fetten, Ölen und langkettigen Verbindungen, es entstehen Trübungen. Diese Ausfällungen und Trübungen werden durch die anschließende kalte Filtration herausfiltriert.

Unfiltriertes kaltes Destillat

Eine Kältefiltration hat jedoch nicht nur Vorteile. Wird das Produkt sehr stark herabgekühlt, fallen nicht nur negative Bestandteile des Destillats aus, sondern auch maßgebliche Aromakomponenten, die wertgebend für den Geschmack des Destillats sind. Sinnvoll ist es, Destillate bei einer Temperatur von 2–4 °C zu filtrieren. Die Trübung wie auch unangenehme langkettige Verbindungen, die ölig und ranzig schmecken, können entfernt werden, ohne angenehme wertgebende Aromakomponenten gänzlich mit herauszufiltrieren.

Kaltes Destillat nach der Filtration

Um jeglichen Aromaverlust zu vermeiden, kann auch ganz auf die Kühlfiltration verzichtet werden. Die Destillate werden dann über sehr grobe Filter oder Siebe von etwaigen Schwebeteilchen befreit. Diese Destillate neigen bei unsachgemäßer kalter Lagerung jedoch zu Trübungen. Viele Kenner schätzen aber unfiltrierte Destillate und sehen eventuell auftretende Trübungen sogar als Qualitätsmerkmal.

ABFÜLLUNG VON DESTILLATEN

Es gibt einige Vorschriften, die beim Abfüllen und vor allem auch bei der Gestaltung der Etiketten und der Etikettierung zu beachten sind: Die Füllmenge muss stimmen, die Angaben auf dem Etikett sind genauestens vorgeschrieben und der Alkoholgehalt darf maximal 0,3 % vol abweichen. Zudem dürfen gesetzliche Mindestalkoholgehalte nicht unterschritten werden.

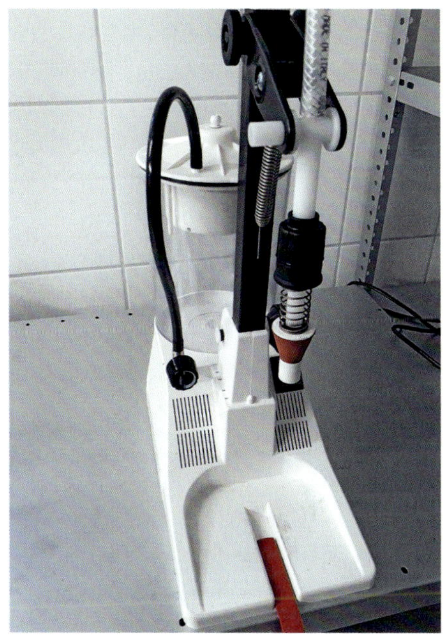

Vakuumfüller aus dem Brennereibedarf

VAKUUMFÜLLER

Das Abfüllen von Destillaten erfolgt in der Regel mit sogenannten Vakuumfüllern, die die Flasche mit Produkt füllen und mittels Unterdruck die gewünschte Füllmenge in der Flasche einstellen. Kleine einfache Vakuumfüller zum Abfüllen von Kleinmengen sind im Brennereibedarf erhältlich. Für das Abfüllen von mehreren Tausend Flaschen empfehlen sich größere Füllsysteme bis hin zu regelrechten Abfüllstraßen der großen Anlagenhersteller. Wer Destillate in Verkehr bringen möchte, muss die Füllmenge mit geeigneten Kontrollmessgeräten kontrollieren, siehe hierzu die Fertigpackungsverordnung.

PFLICHTANGABEN AUF DEM ETIKETT

Für die Angaben auf dem Etikett der Spirituose gelten Vorschriften, die eingehalten werden müssen. Zu den Pflichtangaben zählen (Stand 2021):

- rechtlich vorgeschriebene Bezeichnung (früher Verkehrsbezeichnung)
- Allergene, sofern enthalten
- Losnummer
- Zusatzstoffe, sofern enthalten
- Anschrift des Unternehmens beziehungsweise Inverkehrbringers
- Alkoholgehalt
- Füllmenge

Die Kennzeichnungselemente sind an gut sichtbarer Stelle, in deutscher Sprache, leicht verständlich, deutlich lesbar und unverwischbar anzubringen. Im gleichen Sichtfeld müssen die Angaben der rechtlich vorgeschriebenen Bezeichnung (Verkehrsbezeichnung), der Nennfüllmenge und des Alkoholgehaltes stehen. Das bedeutet, diese Angaben dürfen auf dem Etikett nicht zu weit voneinander entfernt aufgedruckt werden, sondern müssen auf einen Blick erfasst werden können.

Die Mindestschriftgröße für die rechtlich vorgeschriebene Bezeichnung – wie für alle anderen Pflichtangaben gemäß Lebensmittel-Informationsverordnung – beträgt 1,2 mm bezogen auf die x-Höhe (für kleine Buchstaben) und 2,1 mm für große Buchstaben. Auch die Mindestschriftgröße für das Nennvolumen ist reglementiert und variiert je nach Gebindgröße. Zahlenangaben müssen ebenfalls in einer Schriftgröße von mindestens 2,1 mm geschrieben werden.

Etikett mit den Pflichtangaben

ALKOHOLGEHALT AUF DEM ETIKETT

- Der vorhandene Alkoholgehalt ist in „% vol" mit höchstens einer Nachkommastelle anzugeben. Die Alkoholgehaltsangabe muss eindeutig sein. Angaben wie „circa oder mindestens xy % vol" sind nicht zulässig.
- Das Symbol „% vol" ist in dieser Form und Reihenfolge vorgeschrieben und muss der Zahlenangabe des Alkoholgehalts nachgestellt werden.
- Der angegebene Alkoholgehalt darf vom tatsächlich vorhandenen Wert maximal um 0,3 % vol nach oben oder unten abweichen.
- Der gesetzliche Mindestalkoholgehalt darf nicht unterschritten werden.

Eine Flasche des von Philipp Schwarz produzierten Gins.

VERMARKTUNG VON GIN

GIN IN DEUTSCHLAND

Der Gin hat seinen Ursprung im niederländischen Genever und prägte seine Merkmale im neuzeitlichen Großbritannien aus. Dass er vielfach auch in anderen Ländern produziert wird, ist eine eher junge Entwicklung. In Deutschland ist man recht spät auf den schon in voller Fahrt befindlichen „Gin-Zug" aufgesprungen. Aus vermeintlichen Trittbrettfahrern sind allerdings echte Trendsetter geworden, auf die auch die internationale Konkurrenz schaut.

KEINE TRADITION

Gin war in Deutschland in den vergangenen Jahrzehnten selbstverständlich bekannt, wurde hier aber kaum produziert. Nur seine Verwandten, der Steinhäger und der Genever, können eine Tradition für sich beanspruchen. Der Genever, und das ist kaum bekannt, stammt nicht nur aus den Niederlanden und Belgien. Er kann auch aus den angrenzenden deutschen Bundesländern Niedersachsen und Nordrhein-Westfalen (und aus zwei französischen Départements) kommen.

Zurück zum Gin: Die Situation änderte sich nach der Jahrtausendwende, erst langsam, dann immer schneller. Den Pionieren des deutschen Gins, beispielsweise dem Berliner Adler-Gin, dem Münchner Duke Gin und dem Schwarzwälder Monkey 47 folgten Nachahmer. Erst ein paar, dann immer mehr. Heute buhlen in Deutschland circa 1 000 Gin-Marken um die Gunst der Spirituosenliebhaber. Vielleicht gibt es nirgendwo sonst auf der Welt so viele Gin-Brennereien. Das liegt daran, dass es wahrscheinlich auch nirgendwo sonst so viele Brennereien gibt. Rund 15 000 sogenannte Abfindungsbrennereien, die meist im landwirtschaftlichen Nebenerwerb Destillate im kleinen und Kleinstmaßstab produzieren und zum Großteil im deutschen Süden und Südwesten angesiedelt sind, dazu noch rund 900 Verschlussbrennereien. Die meisten der neuen Gin-Produzenten haben nur regionale Bedeutung, doch einige haben auch den Sprung auf die nationale oder sogar internationale Bühne geschafft. Neben den bereits genannten Pionieren zählen dazu beispielsweise der Boar-Gin, der Siegfried-Gin, der Windspiel-Gin, der Needle-Gin, der Adler-Gin und der GinSTR, um nur einige zu nennen.

GIN INTERNATIONAL

Die großen Marken haben Konkurrenz bekommen. Neben dem Gordon's Dry Gin und dem Tanqueray haben sich eine Vielzahl anderer Marken etabliert. Das könnte die großen Spirituosenkonzerne ärgern, sie können aber auch ihre Strategie anpassen. Das ist unter

Umständen ganz leicht: Sie kaufen erfolgreiche Marken auf. So hat sich Diageo, der weltgrößte Spirituosenkonzern mit weltbekannten Marken wie Johnny Walker oder Smirnof und Eigner der Gin-Marken Tanqueray und Gordon's Dry Gin, 2020 am Siegfried Rheinland Dry Gin beteiligt. Pernod Ricard, die Nummer zwei auf dem Weltmarkt, stieg bereits 2016 beim Monkey 47 ein und übernahm ihn schließlich 2020 vollständig.

Neues von Kleinen …

Die Begründung der Gründer ist ähnlich wie bei Start-ups anderer Branchen: Als kleines Unternehmen stößt man schnell an die Grenzen des Wachstums, die ein Konzern mit seinen Mitteln zu überwinden hilft. Wozu zum Beispiel mit viel Kraft einen eigenen weltweiten Vertrieb aufbauen, wenn man sich viel einfacher in das Netzwerk eines Großen einklinken kann? Dass man unter Umständen einen satten Gewinn einstreicht und mit einem Schlag ein gemachter Mann oder eine gemachte Frau ist, ist sicherlich auch eine angenehme Seite eines solchen Deals. Geschäfte wie diese sind Belege für die internationale Strahlkraft von recht jungen und kleinen Gin-Marken, echten Spirituosen-Start-ups, und für die internationale Verflechtung des Spirituosenmarktes.

… und von Großen

Doch nicht jede neue Gin-Marke kommt von hippen Jung-Unternehmern. Gestandene, traditionelle Spirituosenkonzerne haben in der jüngeren Vergangenheit ebenfalls neue Gin-Labels auf die Spur gebracht. Bacardi schuf 1998 die vielleicht allererste Premium-Gin-Marke, den Bombay Sapphire, der angeblich auf einem Rezept von 1761 basiert. Ein Zufall, dass der neue eine etwas längere Tradition für sich beansprucht als der alte Konkurrent Gordon's? Wohl kaum! Und ganz gewiss kein Zufall, sondern das Ergebnis betriebswirtschaftlicher Kalkulation: Der Bombay Sapphire kostet etwa doppelt so viel wie der Gordon's, rund 23 Euro. Da funkeln die Augen der Controller sicherlich mit den einem Diamanten nachempfundenen Flaschen um die Wette … Wobei, ganz ehrlich, im Vergleich mit anderen Premium-Gins ist der „indische Diamant" ein Schnäppchen.

Dem Bombay Sapphire folgte ein anderer neuer Gin fast auf dem Fuß: der Hendrick's. Die Jahresangabe 1886 auf dem Etikett suggeriert eine lange Tradition. Tatsächlich wurde der Gin aber erst im Jahr 2000 auf dem Markt eingeführt. Die Jahreszahl bezieht sich allein auf das hinter dem Gin stehenden Unternehmen William Grant & Sons. Das ist vor allem für seinen Scotch-Whisky bekannt, vor allem die Single Malts Glenfiddich und Balvenie. Gin wurde in diesem Unternehmen vorher nicht produziert. Vielleicht ist das der Grund, warum er auch neue Wege beschritt: Beim Hendrick's ist der Wacholdergeschmack weniger dominierend als bei klassischen Gin-Sorten. In der Kommunikation werden vor allem die Aromen von Gurken und Rosenblättern betont. Heraus kommt ein runder Gin, bei dem die harzigen, kantigen Wacholdernoten geschliffen und in ein komplexes Aromengefüge eingebettet wurden. So wurde der Hendrick's zum Urvater des sogenannten New Western Styles (Seite 68).

Geschickte Strategie

Trotz dieser Neuerungen werden britische Traditionen betont. Etwa dadurch, dass ein mit Hendrick's gemixter Martini in Teetassen serviert wird. Eine geschickte Kombination: ein gefälliges Produkt, was nicht abwertend klingen soll, in einer spleenigen und markanten Verpackung, was durchaus lobend gemeint ist. Diese Strategie zieht, sie zieht so sehr, dass eine hochpreisige Positionierung möglich ist, noch hochpreisiger als beim Bombay Sapphire. Mit über 30 Euro für 0,7 Liter toppt der Hendrick's den „Kollegen" preislich locker. Kein Wunder, dass dieser Gin nicht nur stilistisch, sondern auch marketingtechnisch Nachfolger und Nachahmer auf den Plan rief. Man schaue sich nur die einer Apothekerflasche nachempfundene Flasche an oder analysiere das gekonnte Storytelling ...

GIN AUS WHISKY-BRENNEREIEN

Ein Gin aus einer schottischen Whisky-Brennerei? Das ist kein Einzelfall – und auch kein Zufall. Dem Gin-Boom ging nämlich ein Whisky-Boom voraus. William Grant & Sons setzte auch hier den Trend. Bereits 1963 lancierte das Unternehmen seinen Glenfiddich Single Malt. Deren Tradition war durch den Erfolg der Blends, also der Verschnitte von Destillaten verschiedener Brennereien und verschiedener Brenntechniken, nahezu verschüttet gewesen. Auch hier zeitigte der Erfolg Nachahmer. Und nicht nur bestehende Brennereien stiegen in den lukrativen Markt der Single Malts ein, sondern auch Neugründungen.

Gin ist schneller als Whisky

Das Problem, wenn kein Konzern hinter der Gründung steht? Die Whisky-Produktion ist kostenintensiv. „Zeit ist Geld", könnte man auch sagen, denn erst nach den gesetzlich vorgeschriebenen drei Jahren Lagerung in Holzfässern (in Schottland explizit aus Eiche) ist aus einem Gerstendestillat ein vermarktungsfähiger Whisky geworden. Das heißt, frühestens nach drei Jahren beginnt auch die Refinanzierung der Investitionen durch Whisky. Wie gut, dass das bei Gin nicht der Fall ist. Er kann destilliert und theoretisch sofort verkauft werden. So finanziert der Gin den Whisky. Bekannte Beispiele sind etwa der Botanist Gin aus der alten, im Jahr 2000 wiedergegründeten Islay-Brennerei Bruichladdich und der Gin aus der 2013 gegründeten Brennerei Strathearn.

Kooperationen und Fusionen wie die genannten machen Schlagzeilen. Davon ganz unberührt macht die Mehrheit der mehr oder weniger kleinen deutschen Gin-Destillerien einfach weiter und hat damit auch vielfach Erfolg.

GIN-MARKETING

Gin ist die Bar-Spirituose schlechthin und viele Legenden ranken sich um ihn und noch mehr um seine Genießer. Der bekannteste ist selbst ein großer Geschichtenerzähler gewesen: Ernest Hemingway. Nicht umsonst sind nach ihm einige Cocktails und noch mehr Bars benannt. Dass Gin ein Produkt mit Geschichte und Geschichten ist, muss wissen, wer ihn produzieren will. Es reicht nicht, nur ein gutes Produkt zu erstellen. Man sollte auch eine Geschichte mitliefern. Dieser Eindruck entsteht, wenn man sich die erfolgreichen deutschen Produzenten von Gin und ihre Produktpräsentationen anschaut.

Geschichten machen Gin

Beispielhaft seien zwei Produkte und ihre Geschichten angeführt: Im Fall vom „Duke – Munich Dry Gin" ist es die von zwei jungen Historikern, die bald nach Studienende ihren Brotberuf an den Nagel hingen, um in einem Münchner Hinterhof den „Gin des Lebens" zu finden. Während diese Story stimmt, scheint die vom „Monkey 47 Schwarzwald Dry Gin" zwar stimmig, aber doch fiktiv zu sein. Ein ehemaliger britischer Besatzungsoffizier, im Schwarzwald zum Gastwirt mutiert, soll die Rezeptur erfunden und in ihr 47 Zutaten aus fernen Kolonien und dem nahen Schwarzwald vermählt haben. Nach seinem Tod wurde dieses Rezept gefunden und dem Monkey neues Leben eingehaucht. Wahr oder gut erfunden? Das spielt keine Rolle. Die Geschichten dienen als Türöffner in die Welt der Bars. So wurden schon Kleinbrenner, bevor der Bartender überhaupt den Gin probiert hat, gefragt, was denn die Story hinter ihrem Produkt sei. Das Gute daran: Diese Form von Marketing erfordert kein großes Budget, sondern nur ein bisschen Fantasie ... In diesem Sinn: Geschichten machen Gin!

Zwei Fallbeispiele für erfolgreiches Gin-Marketing

Beispielhaft zeigen diese beiden Pioniere, was die Elemente für einen gelungenen Markenauftritt und ein erfolgreiches Marketing auf dem Gin-Markt sind. Aus den „Spezialfällen" werden allgemeingültige Aussagen abgeleitet, die also nicht nur für die beiden vorgestellten Marken gelten, sondern auch für viele ihrer Nachfolger – und vielleicht dann auch für Sie?

WARUM GERADE DIESE FÄLLE?

Die Auswahl der Beispiele hat, um ein Missverständnis von vornherein auszuschließen, nichts mit den Vorlieben der Autoren zu tun. Denn es geht nicht um eine Geschmacksfrage. Es geht auch nicht darum, für irgendwelche Produkte Werbung zu machen, sondern ausschließlich um die Illustration eines Marketingphänomens. Und das kann nur anhand von prominenten, wahrscheinlich jedem Gin-Kenner bekannten und damit eindeutig nachvollziehbaren Beispielen deutlich gemacht werden.

DER HERZOG MARSCHIERT VORAN

Der Duke Munich Dry Gin war sicherlich nicht der erste deutsche Gin. Aber er war vielleicht der erste Gin, der alles richtig gemacht hat. Richtig in dem Sinne, dass seine Macher erkannt haben, dass es nicht allein um ein gutes Produkt geht, sondern auch um das richtige Drumherum. Wobei das mehr meint als nur eine schöne Verpackung. Daniel Schönecker und Maximilian Schauerte wussten als Geschichtsstudenten, was Storytelling bedeutet. Dazu brauchten sie kein Marketingstudium. Auf der Homepage erinnern sie sich an die Entstehung des Dukes: „Spätabends im Herbst 2007 fanden sich zwei junge Herren zusammen, um sich zum Abschluss des Tagwerks einen gepflegten Gin & Tonic zu genehmigen. Guten Tropfen stets zugeneigt ergab ein Glas das andere und in gleichem Maße wagemutig entwickelten sich die Ideen.

Zu einer Zeit, in der sich das Thema Gin noch im tiefen Dornröschenschlaf befand, machten sie sich wacker ans Werk, dieser kulinarischen Ödnis ein Ende zu setzen. Denn bei ihrer eifrigen Suche nach dem Gin des Lebens, wollte sich keine rechte Befriedigung einstellen. Hätte sie nicht an jenem Abend die Eingebung ereilt – dank hochgeistiger GINspiration –, sie würden wohl heute noch rastlos landauf und landab nach dem gesegneten Trunk suchen.

Und damit war die ‚Schnapsidee' geboren und die THE DUKE Destillerie nahm ihren Anfang. Heimstatt für die edle Mission sollte ein beschaulicher Hinterhof im Herzen Münchens sein, in dem ein eigens dafür angefertigter kupferner Kessel mit dem stolzen Namen ‚Carl' unermüdlich brodelte. Ein ganzes Jahr Entwicklungszeit nahmen sich die beiden, um schließlich im Herbst 2008 als Pioniere in Sachen Deutscher Gin den THE DUKE Munich Dry Gin zum Leben zu erwecken und somit der damaligen GINosphäre ein bayerisches Geschmackserlebnis zu bescheren."

Das Erfolgsrezept des Dukes

Der Duke im Namen als Anspielung, gleichzeitig an die bayerischen Herzöge und die englische Gin-Tradition, die durchaus jugendlich-freche und selbstbewusste Abwandlung der Produktkategorie „London Dry Gin" in einen „Munich Dry Gin" und damit die lokale Verortung des Produktes, die sich in der Wahl der typisch bayerischen Botanicals Malz und Hopfen niederschlägt: Das sind exemplarisch die realen und die erzählten Zutaten, die den Erfolg des Dukes und auch vieler Nachfolgeprodukte ausmachen. Hier ist es die Münchner Geschichte von zwei Studenten, die von einem Münchner Hinterhof aus erst die Stadt und dann das ganze Land erobern. Das Erfolgsrezept, das der Duke seinen Nachfolgern, die ebenfalls auf der nicht verebben wollenden neuen deutschen Gin-Welle reiten, zeigt, ist einfach.

Seine Elemente sind:

- ein in der Regel handwerklich gemachtes Produkt, neudeutsch Craft
- aus einer Manufaktur
- betrieben als Spirituosen-Start-up
- von häufig jungen Machern,
  - die – fast ebenso häufig – Quereinsteiger sind, die vorher nichts mit der Brennerei zu tun hatten
  - die eine Story zum Produkt erzählen
  - aus einer Stadt (und zunächst nicht vom Land)
- einen regionalen Bezug herstellen durch
  - den Namen
  - die Auswahl der Botanicals oder Drogen
  - die Verpackung

Bei der Betrachtung des Phänomens fällt tatsächlich auf, dass der Gin-Trend von den Großstädten ausging und von den traditionellen Brennereien auf dem Land erst später aufgegriffen wurde, dort aber auch häufig von der nachfolgenden jungen Generation. Pionierstädte waren München, Berlin, Hamburg, gewissermaßen auch Stuttgart, woher Alexander Stein, einer der Väter des Monkey 47, stammt. Von diesem wird jetzt die Rede sein. Denn mit ihm betrat nach dem Herzog ein Affe die Gin-Bühne.

Trendsetter aus München.
Der Duke Gin

EIN AFFE RÜHRT DIE GIN-TROMMEL

Der Monkey und sein „Schwarzwald Dry Gin" sind erst mit der Errichtung der Brennerei in Loßburg im Schwarzwald heimisch geworden. Vorher kam der Gin aus dem Hegau, der Stählemühle von Christoph Keller. Nun aber weht der Geist des Monkey aus der „Kathedrale der Destillation", wie Alexander Stein die neue Brennanlage mit vier hoch aufragenden Kolonnen nennt, die – wie passend – Namen von Affen tragen.

Die Geschichte vom Schwarzwälder Affen, dem Monkey 47, ist schnell erzählt. Er selbst verbreitet sie und rührt die Werbetrommel über die Homepage, die als „Monkey Drum" daherkommt. Ein ehemaliger britischer Besatzungsoffizier namens Montgomery Collins, im Schwarzwald zum Gastwirt des von ihm so genannten Gasthofes „Zum Wilden Affen" mutiert, soll die Rezeptur erfunden und in ihr 47 Zutaten aus fernen Kolonien und dem nahen Schwarzwald vermählt haben. Nach seinem Tod wurde dieses Rezept gefunden und dem Monkey neues Leben eingehaucht.

Der Affe hat zwei Väter ...

Eine stimmige Geschichte, doch ob sie stimmt? Darüber darf spekuliert werden und das ist auch im Sinne der Macher, denn was als Gesprächsstoff in aller Munde ist, ist es auch leicht als Getränk. Die Macher sind Alexander Stein, ehemaliger Manager bei Nokia und Spross, einer Weinbranddynastie, und sein Brenner, Christoph Keller, bekannt als vielfach prämierter Brenner der Stählemühle. Der Erfolg hat hier also zwei Väter und ganz viele Gründe: Da ist zunächst und zuallererst die Qualität. Nicht umsonst hat sich Alexander Stein Christoph Keller ins Boot geholt. Der ist bekannt als Qualitätsfanatiker und „Geschmackstüftler". Die Herausforderung, im Schwarzwald einen Gin zu schaffen, der das britische Vorbild nicht nur herausfordert, sondern womöglich noch überflügelt, hat Christoph Keller sicherlich gereizt. Er hat sich der Aufgabe gestellt – und sie mit Bravour gelöst. 2010 kam der Monkey auf den Markt. Gleich im Jahr darauf ging er als Sieger, ja als Weltmeister vom Feld. In London wurde der Monkey 47 auf der International Wine and Spirits Competition (IWSC) mit der Auszeichnung „Gold Best in Class" ausgezeichnet. Die IWSC ist einer der größten Spirituosenwettbewerbe weltweit. 2011 waren für – Wein und Spirituosen – 5 000 Einsendungen aus 50 Ländern am Start. Alexander Stein zeigte sich überwältigt: „Hier, in London, der Heimat des London Dry Gin, mit einem Schwarzwald Dry Gin als erster deutscher Gin überhaupt Weltmeister zu werden – für uns ist das ein bisschen wie ein Sieg im Wembley-Stadion."

... viele Geschichten

Und da blitzt wieder ein weiterer Erfolgsfaktor auf. Das geschickte Anknüpfen an Geschichte, Geschichten und Legenden, ihr Weiterspinnen und Forterzählen und ihre Verknüpfung mit dem Produkt. Ja, die Geschichten werden sozusagen „aus dem Produkt heraus" erzählt. Die Rezeptur, das Mixen der verschiedenen Zutaten aus dem Schwarzwald, Großbritannien und dem fernen Indien, wurde – der Legende nach – nicht allein wegen des Geschmacks kreiert, sondern weil die entfernt liegenden Weltgegenden durch die Weltläufigkeit von

Montgomery Collins miteinander zu einem Wesenskern verknüpft sind.

... und 47 Zutaten

Preiselbeeren und Fichtensprossen aus dem Schwarzwald, Ingwer und Zimt vom indischen Subkontinent, Zitronen aus Süditalien, Lavendel, womöglich aus Südfrankreich, Gewürznelken, Muskat, Koriander, Piment, Kardamom, Angelikawurzel, Holunderblüten, eine Weltreise in und aus der Flasche ... Viele andere Elemente, nicht zuletzt die Verpackung, die alte Apothekerflasche, das an eine alte Briefmarke erinnernde Etikett, die Umverpackung aus Holz, die einer Kiste aus Kolonialtagen gleicht, sind ebenfalls Teile desselben Erzählstrangs. Eine Geschichte, die globale und regionale Elemente verknüpft, sie damit universell verständlich macht und den Monkey damit global erfolgreich. So erfolgreich, dass er 2016 an die Gruppe Pernod Ricard verkauft worden ist, um das Vertriebsnetz der Nr. 2 auf dem Spirituosenweltmarkt nutzen zu können. Die Seele des Monkey soll jedoch nicht zur Disposition und erst recht nicht zum Verkauf gestanden haben. Es ist vertraglich festgelegt, dass auch künftig der Monkey aus Loßburg, dem Schwarzwald, kommt. Der Schwarzwälder Affe bleibt daheim – und geht doch auf Weltreise.

Storytelling über Social Media

Der Monkey 47 kam nach dem Duke, aber in einer Disziplin kann man ihn durchaus einen beispielhaften Vorreiter nennen, in einer Disziplin, für die der Duke gewissermaßen zu früh kam: Marketing über Social Media. Kein anderes Medium bietet so niedrigschwellig neuen Marktteilnehmern die Möglichkeit des

Erfolgreicher Affe aus dem Schwarzwald: der Monkey 47

Storytellings an. Authentisch, zu geringen Kosten und zielgruppengenau.

Dies sind die Möglichkeiten, die der Monkey weiter mit ins Spiel gebracht hat:

- virales Marketing
- nicht zuletzt über die sozialen Medien
- mit persönlichen Statements, Einblicken in die Produktion
- über Videos und Fotos, die zum Teilen einladen

Mit einem Netzwerk von Multiplikatoren aus der Gastronomie und der Barszene lässt der Monkey andere tüchtig mit an der Werbetrommel rühren. Allright, alles gut.

… und über die Verpackung

Dabei, das darf man nicht übersehen, werden nicht nur die digitalen Kanäle fürs Storytelling genutzt. Von zentraler Bedeutung ist auch ein analoger Kanal, den auch vor dem Monkey kaum jemand so virtuos genutzt hat wie der Affe aus dem Schwarzwald: die Verpackung. Jede Flasche Monkey 47 erzählt auf dem Rückenetikett die Geschichte von Montgomery Collins und seinen 47 Zutaten. Das auffällige Vorderetikett mit dem ikonischen Affen ist gleichzeitig nostalgisch und hochmodern. Gestaltet ist es wie eine Briefmarke, in der Mitte, in einem Oval, der Affe, darüber eine Krone und darunter, kupferstichartig, Landschaften aus den Tropen und dem Schwarzwald. Das alles auf einer braunen Apothekerflasche, die sich leicht verjüngt, und verschlossen von einem langen Korken, der auf einem silbernen Ring das lateinische Motto „Unum ex pluribus“ trägt. „Aus Vielem Eines“ bezieht sich wohl auf die Vielzahl an Botanicals dieses Gins, kann aber genauso die vielen Erzählstränge meinen, die zu einer vielstimmigen Story verknüpft werden.

DIE BEISPIELE MACHEN SCHULE

Viele andere Hersteller profitierten von den Beispielen, die die Pioniere wie der Duke und der Monkey 47 gaben. Sie machten sich ihren Reim auf den Erfolg der Vorreiter und waren häufig auch erfolgreich, wenn oft auch nicht in gleichem Maße. Und es versuchen immer noch neue Hersteller, auf den Zug aufzuspringen. Nur wird es angesichts der großen Konkurrenz schwieriger, eine eigene originelle „ginvolle“

Der Farbwechsel macht Eindruck, aber geschmacklich keinen Unterschied.

Geschichte zu erzählen. Die Versuche, Aufmerksamkeit zu erregen, werden zusehends, man könnte sagen ungewöhnlicher: So machen manche Gins Werbung mit angeblich aphrodisierenden Botanicals. Andere sind farbig oder ändern gar die Farbe nach Hinzufügen eines Tonic Waters. Gins in limitierten Auflagen für dreistellige oder gar sechsstellige Beträge. Da bleibt einem manchmal der Mund vor Staunen offenstehen und nur die Frage übrig: Und was fällt ihnen denn noch ein …? Um es aber klarzustellen, diese Beobachtungen sind keinerlei Qualitätsbewertungen. Es geht allein darum deutlich zu machen, welche Bedeutung das Marketing für den Erfolg eines Gins hat.

ZU DEN GROSSEN GESELLEN SICH NUN VIELE KLEINE

Die Welle schwappte dann auch aufs Land über und viele Abfindungsbrennereien griffen den Trend verzögert, dann aber umso dankbarer auf. Kein Wunder: Gin ist, bei aller betonten Handwerklichkeit, weit weniger aufwendig herzustellen als traditionelle Obstbrände und vor allem unterliegt die Gin-Herstellung nicht dem Kontingent von 300 l Alkohol, die Abfindungsbrennereien im Jahr maximal produzieren dürfen. Denn für Gin muss ja bereits versteuerter Neutralalkohol verwendet werden (Seite 18).

Michael Schroll bietet zwei Gin-Varianten an. Hier die farblose Version.

EXKURS TONIC WATER

„Tonic Water ist ein chininhaltiges, farbloses, mit Kohlensäure versetztes Erfrischungsgetränk und zählt zu den Bitterlimonaden." Soweit die Definition von Tonic Water, wie sie sich auf Wikipedia findet. Ursprünglich diente das chininhaltige Tonic Water der Malariaprophylaxe in den europäischen Kolonialarmeen, avancierte in Kombination mit Gin aber bald zum bevorzugten Mixpartner in Gin-Drinks und damit zum Genussmittel. Denn: Tonic ist, unschwer zu erraten, die zweite Zutat eines Gin Tonics.

Mit etwas Verzögerung folgte in den 2000er-Jahren aus dem Boom des Gins ein Boom des Tonic Waters. Findige Brancheninsider und Marketingspezialisten sahen, dass neben dem Quasi-Monopolisten Schweppes noch genügend Platz für eigene Produkte war. So gesellte sich eine Vielzahl anderer Tonic-Marken zu dem einen Klassiker. „Thomas Henry" war hier nach „Fever Tree" einer der Pioniere. Die gleichnamige Marke kam 2010 auf den Markt.

DIE GESCHICHTE VON THOMAS HENRY

Wie im Gin-Bereich der Duke und der Monkey wurde auch hier eine Geschichte erzählt, die des angeblichen Erfinders des Sprudelwassers, also des mit Kohlensäure versetzten Wassers, Thomas Henry, der von 1734 bis 1816 in England gelebt hat. Die Geschichte ist ein wenig komplexer, als sie auf der Homepage des Berliner Unternehmens wiedergegeben wird. Und das stilisierte Porträt auf den Flaschen zeigt auch nicht Thomas Henry, sondern seinen Sohn William, aber das hat dem Erfolg der neuen Limonadenmarke keinen Abbruch getan. Es wurde eine Tradition suggeriert, wo keine war, aber was soll's, solange es der Zielgruppe schmeckt?

Eine weitere Parallele vom Monkey zu Thomas Henry: Bartender werden hier wie dort bevorzugt angesprochen und geschickt als Multiplikatoren eingesetzt. Bei Thomas Henry verwundert das nicht, gehören doch Barleute zum Gründerkreis. Und noch eine Parallele: Die Pioniere blieben nicht lang allein. Der Erfolg rief wie beim Gin eine Vielzahl an Nachahmern auf den Plan – nicht unbedingt zum Schaden der Avantgarde. Denn mit der Zahl der Marken wuchs auch die Zahl der Multiplikatoren, von denen zwar jeder seine eigenen Ziele verfolgt, aber alle gemeinsam zum Erfolg des Gin- und Tonic-Phänomens beitragen.

DAS RICHTIGE TONIC WATER ZUM RICHTIGEN GIN

Und ebenso wie beim Gin setzte mit der Vermehrung an Marken und Produkten auch eine Vermehrung der Geschmacksrichtungen ein. Zum klassischen Tonic Water kamen zum Beispiel noch die Sorte Elderflower Tonic, Coffee Tonic, Cherry Blossom Tonic, Mediterranean Tonic und viele, viele andere. So kann man tatsächlich eine Wissenschaft daraus machen, zum richtigen Gin auch sein richtiges Tonic Water zu finden …

Ein britisches Gesicht für ein Berliner Produkt: Thomas Henry

GIN-KONSUM

Wenn man den Hype um den Gin betrachtet, mag man die nackten Zahlen zum Gin-Konsum in Deutschland kaum glauben (siehe Grafik rechts). Im Jahr 2019 hatten die Wacholder-Spirituosen Gin und Genever gemeinsam einen Marktanteil von 3,2 %. Wodka kam auf 16,1 % und Liköre auf 28,4 % (gemessen in 0,7-Liter-Flaschen). Zehn Jahre zuvor hatten Gin und Genever einen Marktanteil von 1,3 %, Wodka einen von 14,8 % und Bitterliköre einen von 23,4 %. Ja, man kann sagen, der Gin habe seinen Marktanteil innerhalb von zehn Jahren mehr als verdoppelt. Stimmt. Aber es wird auch deutlich, dass andere Marktsegmente nach wie vor deutlich mehr Gewicht haben. Anscheinend geht die Multiplikation an Herstellern und Marken nicht im gleichen Maß mit einer Multiplikation an Menge einher.

Allerdings: Die Tortendiagramme sehen deutlich anders aus, wenn man die Marktanteile nicht in Litern, sondern in Euro misst. Die meisten der neuen Gins sind nämlich preislich hoch und sehr hoch positioniert. Und das erklärt auch, warum Gin bei den Produzenten so beliebt ist. Er verspricht schlicht einen hohen Gewinn. Tatsächlich stieg der Preis pro Liter Gin von 2010 bis 2020 von 9,56 Euro auf 17,43 Euro. Er hat sich mithin fast verdoppelt. Ein weiterer Anstieg wird prognostiziert.

Insgesamt wurden mit Gin in Deutschland 585 Mio. Euro umgesetzt. Bei einem Gesamt-Spirituosenumsatz von 7 747 Mio. Euro macht das stolze 7,56 %. Damit ist der Wertanteil in Euro mehr als doppelt so hoch wie der Mengenanteil in Litern. Wenn man dann noch bedenkt, dass seine Herstellung im Gegensatz zu gereiften Spirituosen wie Whisky oder Weinbrand viel einfacher und weniger zeitintensiv ist, wird deutlich, dass Gin den Erzeugern sehr attraktive Margen bietet, selbst wenn relativ viel Geld ins Marketing fließt.

Auf den ersten Blick hat Gin einen geringen Anteil am Spirituosenmarkt, aber nur auf den ersten …

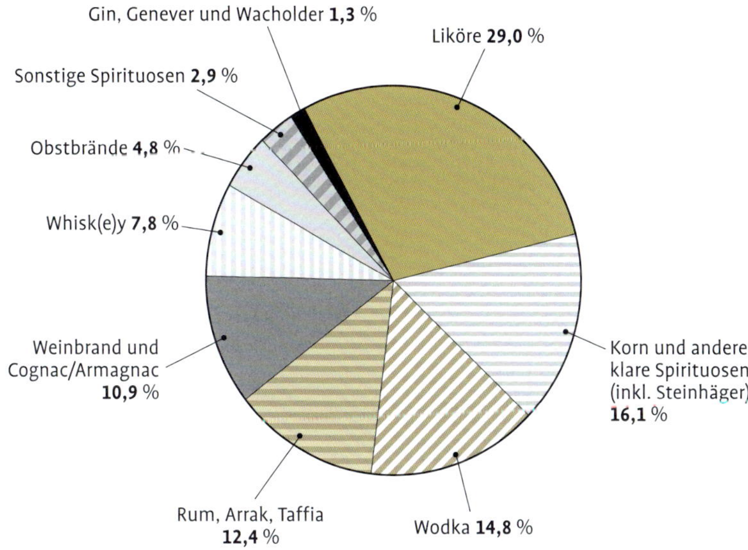

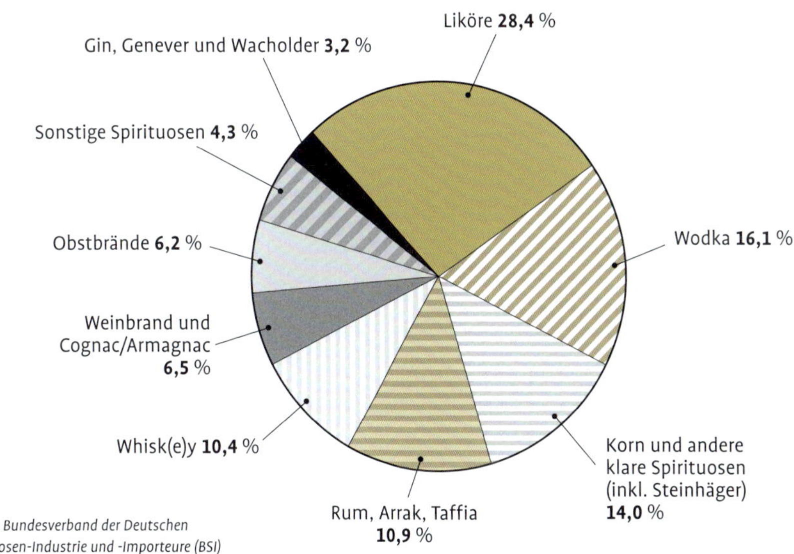

Quelle: Bundesverband der Deutschen Spirituosen-Industrie und -Importeure (BSI)

SERVICE

SCHNELL *NACHGESCHLAGEN*

ZU DEN *AUTOREN*

Philipp Schwarz ist als Brennereileiter in der Weyermann® Destillerie tätig. Er ist darüber hinaus Lehrbeauftragter an der Hochschule Geisenheim für den Fachbereich der Spirituosen, Dozent für das Fach der Brennereitechnologie bei den angehenden Destillateurmeistern/Innen in Berlin sowie sensorischer Sachverständiger für Spirituosen und bildet auch eben diese Sachverständigen aus.

Brenner, Start-ups und Spirituoseninteressierte, die mehr Wissen und Erfahrung in der Herstellung von hochqualitativen Spirituosen erlangen wollen, unterstützt er durch Coachings, individuelle Beratung und Seminare.
Mehr Informationen finden Sie unter:
www.schwarz-gebrannt.de.

Friedrich Springob ist Redakteur der Zeitschrift „Kleinbrennerei" und hat damit ebenfalls einige seiner Hobbys zum Beruf gemacht: das Schreiben, Fotografieren, den Genuss von hochwertigen Spezialitäten. Zwar geht er dieser Tätigkeit erst seit 2017 hauptberuflich nach, doch ist der Verlag Eugen Ulmer schon seit über 20 Jahren seine berufliche Heimat. Er ist Autor und Co-Autor von Büchern zu Spirituosenthemen.

Mehr Informationen finden Sie unter:
www.kleinbrennerei.de.

IMPRESSUM

Bildquellen
Alle Fotos und das Titelfoto stammen von Baschi Bender mit Ausnahme der folgenden:

Black Forest Distillers GmbH: S. 125
maximanl/Shutterstock.com: Hintergrund S. 1, 4, 7, 31, 67, 71, 91, 93, 115, 123, 129 und 131

Qualit Design/Shutterstock.com: Zeichnung Umschlag-Rückseite

Schwarz, Philipp: S. 81, 100 (oben u. unten), 101, 107, 108, 109, 110, 112 (oben u. unten), 113 und 114

Springob, Friedrich: S. 10, 75 (links) und 106

Wikimedia Commons: S. 14

Die Zeichnungen auf den Seiten 83, 91, 111 und 131 fertigte Helmuth Flubacher.

Die in diesem Buch enthaltenen Empfehlungen und Angaben sind von den Autoren mit größter Sorgfalt zusammengestellt und geprüft worden. Eine Garantie für die Richtigkeit der Angaben kann aber nicht gegeben werden. Autoren und Verlag übernehmen keine Haftung für Schäden und Unfälle. Bitte setzen Sie bei der Anwendung der in diesem Buch enthaltenen Empfehlungen Ihr persönliches Urteilsvermögen ein.

Der Verlag Eugen Ulmer ist nicht verantwortlich für die Inhalte der im Buch genannten Websites.

Anmerkung zur Schreibweise (Gendering) der weiblichen, männlichen und unbestimmten Form:

Ausschließlich aufgrund der deutlich besseren Lesbarkeit wird in diesem Werk auf die jeweilige Mehrfachnennung oder Anpassung der Schreibweise bestimmter Bezeichnungen verzichtet.

Bibliografische Information der Deutschen Nationalbibliothek

Die Deutsche Nationalbibliothek verzeichnet diese Publikation in der Deutschen Nationalbibliografie; detaillierte bibliografische Daten sind im Internet über http://dnb.d-nb.de abrufbar.

Wollgrasweg 41, 70599 Stuttgart (Hohenheim)
E-Mail: info@ulmer.de
Internet: www.ulmer.de
Projektleitung: Lisa Seibel
Lektorat: Alessandra Kreibaum
Herstellung: Judith Schumann
Umschlag-Gestaltung: Michaela Mayländer, Stuttgart, www.sistermic.de
Satz: Marion Schreiber, www.marionschreiber.de
Reproduktion: time:ray, Jettingen
Druck und Bindung: Pustet, Regensburg
Printed in Germany

MIX
Papier aus verantwortungsvollen Quellen
FSC® C014889
FSC www.fsc.org

ISBN 978-3-8186-1373-0

Philipp Schwarz

EDEL BRENNER

Die Adresse für Ihre individuellen Projekte und Weiterbildungen

Produktentwicklung

Beratung

Sensorik

Fachseminare

info@schwarz-gebrannt.de
www.schwarz-gebrannt.de

edelbrenner
Schwarz gebrannt

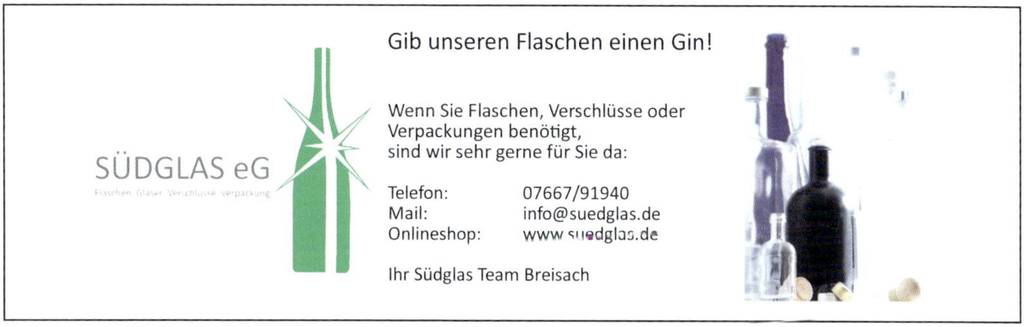

HIER KÖNNEN SIE WEITERLESEN

Stärkehaltige Rohstoffe für die Brennerei.

Für Whisky, Korn & Co.

P. Schwarz. 2018.

128 Seiten, 89 Farbfotos, kart.

ISBN 978-3-8186-0340-3.

Stärkehaltige Rohstoffe wie Kartoffel, Roggen und Co. sind Basis für die Herstellung aromatischer Destillate in der Brennerei. Dieses Buch bietet Ihnen einen umfassenden Einblick in die Verarbeitung stärkehaltiger Rohstoffe. Der Autor spannt den Bogen von der Maischebereitung über Gärung und Destillation bis hin zur Fasslagerung und Fertigstellung des Destillats. Kompakte Getreideporträts zeigen die vielfältigen Möglichkeiten zur Herstellung edler und ausgefallener Brände. Ob Kartoffeldestillat als Basis für Spirituosen, Whisky mit Sherryfass-Finish oder Bierbrand im Kastanienholzfass – erweitern Sie Ihre Produktpalette um charakterstarke Destillate.

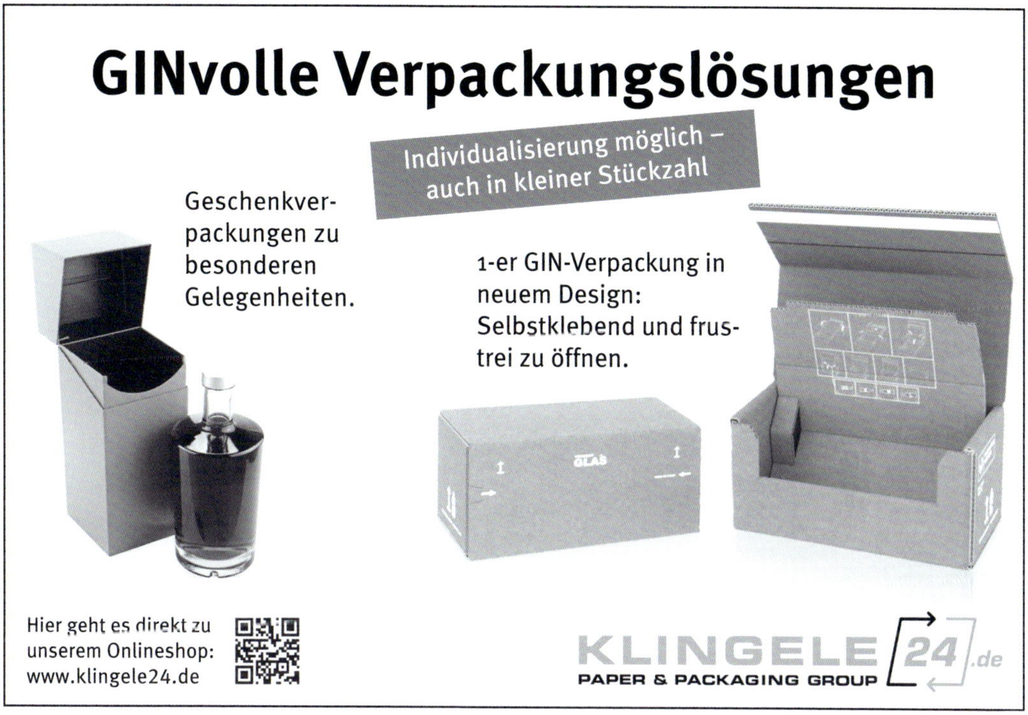